O EXECUTIVO, O HERÓI E A CORAGEM

ANDRÉ CALDEIRA

O EXECUTIVO, O HERÓI E A CORAGEM

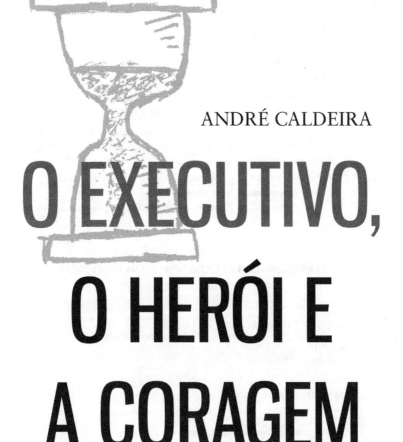

Publisher
Henrique José Branco Brazão Farinha
Editora
Cláudia Elissa Rondelli Ramos
Preparação de texto
2 estúdio gráfico
Revisão
Renata da Silva Xavier
Ariadne Martins
Projeto gráfico de miolo e editoração
Vanúcia Santos
Capa
Bruno Ortega
Ilustrações de miolo
Clara Prosdocimo Caldeira
Impressão
Maistype

Copyright © 2018 *by* André Caldeira.
Todos os direitos reservados à Editora Évora.
Rua Sergipe, 401 – Cj. 1.310 – Consolação
São Paulo – SP – CEP 01243-906
Telefone: (11) 3562-7814/3562-7815
Site: www.evora.com.br
E-mail: contato@editoraevora.com.br

DADOS INTERNACIONAIS PARA CATALOGAÇÃO NA PUBLICAÇÃO (CIP)

C151e

Caldeira, André Gutierrez
  O executivo, o herói e a coragem / André Caldeira. - São Paulo : Évora, 2017.
  144 p. : il. ; 16x23 cm.

  ISBN 978-85-8461-155-3

  1. Executivos – Treinamento. 2. Liderança. I. Título.

CDD- 658.3124

JOSÉ CARLOS DOS SANTOS MACEDO – BIBLIOTECÁRIO – CRB7 N. 3575

Para minha mãe, Gilda, que me ensinou o que é coragem.

Para minha esposa, Dani, que me ensinou o que é acreditar.

Para meus filhos, Lucas e Clara, que me ensinaram
o que é amor incondicional.

Providência[1] – do latim *providentia*, significa conhecimento antecipado. Deriva do verbo latino *providere*, que significa perceber, descobrir antes, prever, precaver-se, estar prevenido. Prudência, do latim *prudentia*, significa previsão, sabedoria, tino, inteligência, sagacidade, ciência.

---

1 HOUAISS, A.; VILLAR, M. S. *Dicionário Houaiss da Língua Portuguesa*. Rio de Janeiro, Ed. Objetiva, 2009.

Prefácio

Desde seu livro anterior, *Muito trabalho, pouco stress*, André deixa claro seu estilo pessoal e marcante como escritor: contar ótimas histórias, o que torna sua leitura muito agradável.

Conheci André há sete anos e desde então acompanho sua trajetória, suas obras, seus projetos. Mas acima de tudo, conheço – e aprendo com – suas ideias, seus princípios, seu cuidado com a família. André tem um propósito e se apoia em seus valores. Isso é tão forte para ele que sua empresa não poderia ter outro nome, a não ser Propósito. Não poderia ter outros ilustradores para seus livros, que não seus próprios filhos. E não poderia escrever sobre outros temas, a não ser sobre sua crença em valorizar pessoas como requisito necessário para qualquer organização bem-sucedida.

Ao longo dos meus últimos nove anos coordenando uma dedicada e especializada equipe do Great Place to Work Brasil, tive centenas de oportunidades de discutir o ponto de partida para que qualquer organização se torne um excelente lugar para trabalhar: um propósito transformador que aglutina as pessoas, dá significado ao seu trabalho e traz enorme sentimento de orgulho.

Propósito também é o princípio que norteia todas as decisões e ações do Great Place to Work no mundo todo, atualmente em 57 países:

"Construir uma sociedade melhor, transformando cada organização em um great place to work". Se lembramos que passamos a maior parte de nossos dias envolvidos direta ou indiretamente com o trabalho, é fácil entender que as pessoas não estão em busca de um emprego para poder pagar suas contas. Estão, na realidade, em busca de significado para suas vidas. E a partir de uma vida com sentido, conseguem gerar satisfação, realização, motivação e também pagar suas contas. Seria uma visão utópica se não estivesse firmemente calcada em dados reais, exemplos e cases extraídos de pesquisa global, aplicada desde a década de 1980. Apenas este ano, cerca de 10 mil empresas foram acompanhadas e os dados não deixam dúvidas: aquelas empresas que valorizam as pessoas são mais produtivas, mais rentáveis e mais inovadoras. Isso porque seus colaboradores estão mais comprometidos, mais dedicados, mais criativos.

Por tudo isso, é um grande prazer escrever estas poucas linhas que expressam a forte conexão entre a missão diária de centenas de colaboradores do Great Place to Work no mundo, o trabalho cotidiano de milhares de pessoas e este novo livro de André Caldeira. Quanto mais as pessoas sintonizarem suas vidas pessoais com trabalho e propósito, mais rápido e efetivamente conseguiremos resolver a enorme lacuna de realização e significado que impacta não só o nosso país, mas muitos outros. Livros como este deixam evidente que valorizar as pessoas pode transformar uma carreira, uma empresa e até mesmo uma nação.

Ótima leitura – e prática – a todos.

Ruy Shiozawa
CEO Great Place to Work Brasil

1 | Caroline

Caroline abriu os olhos e se espreguiçou lentamente.
Que preguiça de começar o dia.
Por alguns segundos, permitiu-se ficar imóvel, sem pensar em todas as obrigações que teria pela frente. Peter dormia ao seu lado, roncando baixinho. Saiu da cama bem de leve, na ponta dos pés.
Deus me livre que ele acorde e queira tentar namorar comigo.
Sentia-se tão cansada que a simples ideia de pensar em começar a transar já virava motivo de pânico. Não que não gostasse de Peter. Ele era carinhoso, viril, gentil. Um bom companheiro, bom pai e tudo mais. Mas ela tinha tantos afazeres e responsabilidades no cotidiano que transar acabava não sendo uma prioridade. Tinha gosto de obrigação, de mais um item a ser cumprido na sua lista.
Naquela época não pensava muito em sexo. Apesar dos seus 36 anos, Caroline sentia-se com quase 60. Mãe de dois filhos, esposa em um casamento supostamente estável, gerente de Recursos Humanos de uma empresa de tecnologia em franca expansão. Suas irmãs moravam em outra cidade, então a responsabilidade de cuidar (tentar cuidar) da mãe era dela. Tinha muitas amigas, mas pouco tempo para dedicar a elas. Amigas da faculdade, da turma de inglês, do trabalho. Diferentes tribos, que a lembravam de diferentes partes da sua vida. Quase todas

cobravam o quanto ela andava sumida. Tentava manter-se em forma frequentando a academia três vezes por semana. Participava de uma ONG como voluntária uma vez por semana à noite para ajudar comunidades carentes. Coordenava a babá e a cozinheira em sua casa, para tentar deixar tudo em ordem (ou quase). Amava os filhos mais do que tudo, participava das reuniões na escola, todas as noites colocava as crianças para dormir, acocando e aconchegando o sono iminente com uma história curta, mas cheia de amor. Fazia mágica com a rotina de seus dias. Mas isso significava pouco tempo para si. Pouco tempo também para ela e Peter, quase nenhum pensamento sobre sexo. Era como um nível basal de relacionamento conjugal em que o amor existia mas de maneira quase fraternal, pois, antes deles, vinham todas as outras prioridades: trabalhar, buscar crescimento em sua carreira, cuidar da casa, dos filhos e da mãe, arrumar tempo para as amigas, dedicar uma noite por semana para a ONG, cuidar de si mesma, estudar inglês etc.

A empresa em que trabalhava estava crescendo muito e exigindo cada vez mais dela. Ted, o CEO e fundador, valorizava a área de RH, o que significava mais e mais desafios e responsabilidades para Caroline. Novas contratações, programas de desenvolvimento de talentos, políticas de remuneração e benefícios — tudo o que Caroline adorava fazer podia ser feito. Mais do que isso, era estratégico que fosse feito. E ela, como gestora de RH, sentia que, pela primeira vez, era ouvida e participava ativamente na estratégia do negócio. Mas tudo isso consumia tempo, energia e esforço. E exigia muito de Caroline, principalmente para que não deixasse de entregar os resultados esperados pela empresa. Contudo nem sempre conseguia o mesmo em sua vida pessoal. Mas era uma fase. Tinha que ser uma fase. E ela tinha que dar conta...

No banheiro, com a porta trancada, se examinou no espelho. A raiz grisalha dos cabelos estava aparecendo de novo.

Tenho que marcar o salão no sábado cedo, sem falta.

Apesar do excesso de crítica sobre o tamanho do seu quadril, das celulites que sempre foram suas eternas companheiras e das rugas que começavam a aparecer na testa e em volta dos olhos, Caroline gostava do que via em seu reflexo. Escovou os dentes, tirou, com a pinça, alguns pelos do queixo que teimavam em crescer, prendeu o cabelo e entrou no chuveiro. A água escorrendo pelo seu corpo ajudava a despertar, ao mesmo tempo em que fazia sua mente ir para muito longe. Talvez por conta disso teve o lampejo de um sonho que tinha tido naquela noite. Lembrou-se da casa antiga, que não sabia direito de quem era ou onde era, mas que passava a sensação de algo próximo, familiar até.

"*Está chegando a hora.*"

A força da frase, dita no sonho, a fez estremecer levemente. Era uma voz forte, visceral, lhe dizendo isso, mas não sabia quem era. Hora de quê? Chegando por quê? Não tinha a menor ideia. Provavelmente foi um sonho sem sentido, como tantos outros que já tivera. Só que, nesse caso, não era a primeira vez que tinha acontecido. Nas duas últimas semanas sonhou três vezes com algum tipo de situação em que essa mensagem ecoava em sua cabeça, depois de acordar.

Saiu do banho, arrumou-se rapidamente e desceu para tomar café com as crianças, que a essa hora deviam estar quase prontas, comendo seu cereal, depois de terem sido acordadas pela babá.

Encontrou todos na copa, já a todo vapor, com Meg, quatro anos, cantarolando sua musiquinha preferida, e Lorenzo, sete anos, desenhando (para variar) com giz de cera no jornal do pai. Deu bom-dia para todos, pediu um abraço apertado de cada um dos filhos. Ganhou meio, mas se contentou.

Sentou-se na mesa no momento em que eles saíam para escovar os dentes, pois a van que os levaria para a escola chegaria a qualquer momento.

Começou a bebericar o seu café, olhando rapidamente as manchetes do jornal. Tinha apenas alguns minutos antes de também sair correndo para não ficar presa no trânsito e chegar atrasada ao trabalho. Ao olhar para o lugar onde Lorenzo tinha desenhado, quase engasgou e cuspiu todo seu café. Enquanto ouvia as crianças gritarem o tradicional "Tchau, mãe!" da porta de casa, com a van buzinando, Caroline olhava para o desenho do filho. Estava perplexa, sem palavras. Uma mistura de susto e arrepio a envolvia enquanto analisava o desenho do filho: uma casinha no meio de algumas montanhas, um grande sol amarelo, nuvens, pássaros e um lago cinza. No meio do lago, uma frase como que misturada com o que parecia ser um efeito do movimento da água:

"Está chegando a hora."

2 | Tony

Antony passou o dia com sua Harley-Davidson. Adorava sábados como aquele, em que acordava não tão cedo como nos dias de trabalho e nem não tão tarde como se estivesse perdendo a manhã toda dormindo.

O dia tinha sido espetacular. Rodaram uns bons 300 quilômetros, nada de chuva, apenas algumas nuvens sem grandes ameaças que os fizessem parar e trocar de roupa. A turma de amigos tinha esse hábito quase todos os sábados: marcavam somente o horário de saída e o ponto de partida, nunca o percurso ou a hora de retorno.

Preciso de mais momentos assim.

Em dias como aquele, Tony conseguia verdadeiramente descansar sua cabeça, não pensar no trabalho, na pressão que vivia naquele momento de sua carreira, na expectativa da promoção. Trabalhava na indústria de biomedicina havia três anos, e este era o primeiro processo formal de avaliação para o qual tinha sido convidado. A oportunidade era para uma gerência de produto, um caminho quase obrigatório na evolução de um profissional sênior de marketing. Como coordenador, Tony achava que já tinha aprendido tudo o que poderia, bem como superado boa parte das expectativas de resultados colocadas por seu chefe e pela empresa. Não era um processo fácil, no entanto. Havia outros candidatos para o novo cargo, todos indicados por seus respectivos chefes. A briga era séria, de gente grande. Sucessivas entrevistas, avaliações de perfil, entrevistas com pares, liderados e chefes, análise de performance e *assessment* de potencial, dinâmicas de grupo, inclusive com consultores externos.

Tony estava exausto, pois, além da carga usual de trabalho, estava realmente levando a sério sua preparação para a nova posição, o que chegava também a atrapalhar um pouco sua performance atual.

Não posso perder essa chance, de jeito nenhum.

Por isso aquele sábado tinha tido um gosto tão especial. Sol, amigos, risadas, estrada, cabeça em outra estação, longe do trabalho.

Chegou em casa louco por um bom banho. Tinha marcado cinema e jantar com a namorada, e dali pouco mais de 45 minutos teria que sair para buscá-la. Enquanto fazia a barba repassava, na cabeça, as paisagens daquele dia, os vilarejos, as placas de estrada. Uma delas tinha chamado sua atenção em especial: *Qual a melhor hora para aproveitar uma oportunidade?* Nem lembrava qual era a marca que assinava a mensagem, mas aquela frase tinha ficado em sua cabeça por um tempo na estrada. Não conseguiu deixar de pensar no processo de seleção do qual participava, nas etapas, no aprendizado e no nervosismo. Talvez o maior desafio fosse conseguir administrar sua ansiedade e convencer os seus entrevistadores do quanto ele se sentia pronto para a nova oportunidade. Por isso a tal frase vista no anúncio insistia em voltar para a sua cabeça repetidamente.

Seu irmão mais velho, médico psiquiatra, casado, três filhos, vivia dizendo que Tony precisava amadurecer. Apesar dos seus 35 anos, nunca foi de fazer grandes planos, de parar para refletir sobre o futuro em dez ou quinze anos. Sempre pensou na vida e na carreira como cavalos encilhados que passam e sobre os quais podemos decidir se vamos, ou não, tentar domá-los. Tinha sido sempre assim, e, na maioria das vezes, com bons resultados. Inclusive quando conheceu Francis, sua namorada, na casa de uns tios distantes, em um jantar que tinha tudo para ser a maior perda de tempo da década.

Para Tony, o momento presente é o que merece ser vivido. Não o passado, que se foi, ou o futuro, que ainda não chegou. Por isso gastava praticamente tudo o que ganhava, comprava o que queria, viajava sempre que podia. Só nos dois últimos anos tinha ido para Cancun, Los Angeles e Nova York. Achava que era merecedor, sentia-se no direito de passear e comprar, gastar sem se preocupar. Afinal, ralava muito, era solteiro e sem filhos, ganhava razoavelmente bem, e levava sua profissão a sério. Tinha, inclusive, feito uma nova pós-graduação no ano anterior, dessa vez em gerenciamento de categorias, pois sabia que, além da atualização, esses programas acrescentavam peso ao seu currículo, o que poderia ser um gerador de oportunidades futuras. Não que pensasse tanto no futuro, mas queria estar pronto para crescer e ganhar mais quando o tal futuro chegasse.

Por outro lado, de vez em quando se perguntava se a direção da sua carreira era a mais adequada. Gostava de marketing, de produtos e de ativação, mas sentia-se tentado pela área comercial, pois tinha facilidade para se relacionar. E tinha também a questão da remuneração variável. Ganhar de acordo com os resultados parecia uma ideia excelente para Tony, que volta e meia queria participar de um dos programas de rotação de carreira dentro da empresa e mudar para a área comercial.

Tinha, por isso, ficado sem resposta, tentando enrolar em uma das perguntas do processo de seleção interno. A consultora lhe perguntou se ele se via trabalhando em outra área da empresa que não a de marketing. Pergunta capciosa... Se respondesse que sim, poderia enfraquecer suas chances para a posição de gerente de produto. Respondeu que não, que marketing era sua opção de longo prazo. Então ela comentou que havia lido no seu histórico sobre a participação em um programa de *trainees* para a área comercial havia menos de dois anos. Tony ficou surpreso com o nível de informação daquela entrevistadora. Após uns cinco segundos de silêncio e titubeio, ele resolveu dizer que era para fortalecer a sua visão de mercado, para saber o que os clientes queriam, pois isso era importante na gestão de produtos.

Racionalmente sabia que tinha dado uma boa resposta, mas emocionalmente sentia que tinha deixado a entrevistadora em dúvida sobre ele. Até porque ele mesmo não sabia se a sua opção era pelo que mais gostava ou por quanto queria ganhar...

Terminando a barba, pulou para o chuveiro, preocupado com o horário. Não queria chegar atrasado de novo. Sabia que, se isso acontecesse, não só perderiam a sessão de cinema que haviam combinado, mas também começaria toda uma discussão sobre como as prioridades dele são sempre os passeios de moto, os amigos, blá-blá-blá. Sabia que não estava sendo, nem de longe, um bom namorado para Francis, pois vivia cansado e com sono, mal-humorado ou com preguiça de fazer programas diferentes.

Saiu do banho, enxugou-se rapidamente, vestiu uma calça e uma camisa qualquer e foi dar uma olhada final no espelho, para arrumar o cabelo, passar perfume e sair. No banheiro, todo embaçado pelo vapor da água quente, antes que pudesse limpar o vidro com o braço, leu, estupefato, uma frase no espelho, como que escrita com o dedo no vapor.

"*Está chegando a hora.*"

3 | Gina

Sentada na sala de reuniões, depois que todos haviam saído e com quase todas as luzes apagadas, Gina se sentia exausta. A reunião tinha sido frustrante. William, o CFO[2], tinha minimizado o *slide* fora de contexto, mas para ela aquilo era inaceitável.

O que está acontecendo comigo?

Gina poderia ser descrita como uma pessoa meticulosamente organizada. Virginiana típica e uma aluna sempre exemplar, entrou cedo na faculdade de Administração de Empresas e já no primeiro semestre sabia que queria trabalhar na área financeira. Dotada de capacidade analítica ímpar, tinha uma memória quase fotográfica, especialmente para os números.

Toda a habilidade e o talento presentes no desenvolvimento profissional, no entanto, não apareciam em sua vida pessoal. Solteira (ou casada com a carreira, como costuma dizer), Gina tem poucos amigos e não é das mais sociáveis na indústria de cosméticos onde trabalha, apesar de gostar muito do que faz.

Gina costuma achar graça das pessoas que saem mais cedo do escritório ou que reclamam do excesso de coisas para fazer. Para ela, desafios

---

2 CFO (Chief Financial Officer, em inglês) é o diretor financeiro, o profissional que comanda a administração e o planejamento financeiro da empresa.

são oportunidades para se tornar um profissional melhor, para poder se entregar mais, para crescer.

Esforço e disciplina são os pais do reconhecimento. Quem não vê dessa forma, simplesmente não tem futuro na carreira.

Gina é uma coordenadora de finanças prática, objetiva e muito, muito preparada. Seus projetos costumam ser revisados não uma ou duas vezes, mas cinco, no mínimo. É quase paranoica por encontrar erros nos preparos de suas apresentações para a diretoria. Com diversos cursos de especialização, é uma autêntica ninja do Excel e tem muito orgulho de suas tabelas dinâmicas, macros e mecanismos de controle (ainda que diga que não liga para nada disso).

Controle e planejamento, para Gina, são como ar e água — não é possível viver sem eles. Sua casa é sempre muito bem-arrumada (fora o quarto, o banheiro e a cozinha, nem precisaria dos demais cômodos, pois passa a maior parte de seu tempo, quando acordada, na empresa). Sua agenda está sempre em dia, com as listas de compras e afazeres da vida pessoal sempre depois da coluna de seu *follow-up* profissional, com uma aquarela de marcação de cores que evidencia o grau de importância ou urgência de cada uma de suas tarefas.

Preciso mandar um e-mail para mim mesma sobre o presente de aniversário da tia Lourdes na semana que vem. E não posso esquecer de dar uma última olhada nos cenários de mercado da linha Corpo antes da apresentação de depois de amanhã.

Cerca de quatro meses antes, bem que tentou sair com Adam, um colega de empresa da área de logística. Saíram algumas vezes, jantaram, se curtiram até, mas Gina começou a ficar seriamente desconfortável quando notou que as pessoas passaram a perceber o clima entre os dois. O simples fato de pensar que isso poderia trazer obstáculos para o crescimento de sua carreira a fez ignorar Adam como se fosse a coisa mais lógica do mundo.

Controle e planejamento. Essa é a tônica da vida de Gina. Seus e-mails são sempre respondidos, todos, sem exceção, em no máximo 48 horas. Suas mensagens de WhatsApp (as corporativas, logicamente) nunca passam de três horas sem retorno. Sempre foi assim, era para ser sempre assim.

Até o momento em que passou a receber uma certa mensagem.

Na primeira vez, achou que se tratava de um engano. Afinal, não conhecia o número do remetente.

"*Está chegando a hora.*"

Hora do quê, meu pai?

Primeiro, ela pensou que havia se esquecido de algum *deadline* importante e quase teve taquicardia por causa disso. Estava no supermercado, eram quase dez da noite. Chegou a se esquecer do seu leite de arroz (evitava laticínios como parte da sua dieta macrobiótica) por conta disso.

Três dias depois, a mesma mensagem.

"*Está chegando a hora.*"

Chegando que hora, caramba?

Naquele dia, eram quatro da tarde e ela quase deixou passar um erro de digitação no memorando que estava enviando para os fornecedores da Itália. Parou imediatamente o que estava fazendo, foi até o banheiro e ligou de volta para o tal número desconhecido, sem saber com quem iria falar ou o que iria encontrar do outro lado da linha. Mas o número não completou a ligação, só dava mensagem de inexistente, apesar das pelo menos sete tentativas sucessivas de Gina em completar a ligação.

A terceira vez, e a pior de todas, foi naquela manhã, quando estava apresentando sua análise de cenários e impactos de fluxo de caixa para o CFO da empresa. Tinha estudado e se preparado muito para aquele momento. Sabia tudo, se preciso na ordem reversa, do último *slide* ao primeiro. Estava segura, sóbria e certa de que novas oportunidades de crescimento na empresa poderiam surgir após aquela apresentação.

Ela não lembrava direito, mas tinha quase certeza de que foi entre o 23º e 24º *slides*, bem na parte em que validava as premissas com informações de mercado e números publicados pelos concorrentes. Tinha pensando até no roteiro de sua performance de movimentos ao passar por cada *slide*, as pausas, os momentos de ênfase, os *key points*.

Quando passou para o *slide* seguinte, nem olhou para a tela, mas para os olhos dos presentes, em especial para os de William, o CFO, pois queria ter certeza de que todos estavam com ela, acompanhando e apoiando seu raciocínio e sua capacidade analítica.

Notou alguma coisa nos olhos da sua gerente, que olhava para a tela e para ela repetidas vezes. Gina demorou uns bons quatro segundos para perceber que alguma coisa não estava de acordo. Olhou para o CFO que, naquele momento, esboçava um sorriso.

Seria de surpresa? Ironia? Ou... sarcasmo? Afff, será que cometi algum erro?

Virou-se para a tela com uma mistura de taquicardia e ansiedade. Ficou um pouco tonta, apoiou-se na quina da mesa com a ponta dos dedos e, sem conseguir acreditar, leu a frase, em corpo 16, Helvetica, escrita no meio do *slide*.

"Está chegando a hora."

4 | Otto

Otto acordou às 5h30, como de costume. Às 6h estava trotando na rua, o dia ainda por amanhecer. Gostava muito desse momento só seu, em que o silêncio era interrompido apenas por um ou outro carro. Sentia o coração bater, o corpo começar a transpirar. Era como se estivesse recebendo uma recarga de energia, uma nova injeção de vida.

Abdômen para dentro e pés bem plantados. Não quero pensar em trabalho.

Quase todos os dias Otto praticava exercícios. Pelo menos três vezes por semana corria até o clube do qual era sócio, nadava por volta de trinta minutos (o que dava em média uns 1.500 m) e voltava correndo para casa, para tomar banho, trocar de roupa e ir para o trabalho. Em dias alternados, praticava ioga de manhã cedo e, quando possível, musculação no final do dia.

Para Otto, o exercício físico e a movimentação do corpo eram tão importantes quanto seu trabalho. Sua mulher, Cristine, já o conhecera dessa forma, então não havia problema quanto ao tempo que ele dedicava aos exercícios. Bem, em termos. Tiveram alguns atritos quando ele começou a querer impor essa rotina a ela, cobrando e reclamando que ela não se cuidava como deveria. Bastaram alguns comentários em dias seguidos para que Cristine não só estrilasse para que ele a deixasse em paz como também começasse a reclamar sobre o quanto ela se sentia preterida pelo vício dele em esportes, em muitas ocasiões. A partir daquele momento, Otto achou melhor manter o ritmo somente para si próprio.

Como parte de sua rotina saudável, ele era quase radical em relação a seus hábitos alimentares. Comia pouquíssima carne vermelha, alimentava-se de três em três horas e bebia, ao menos, dois litros de água por dia. Enfim, o pacote completo dos hábitos saudáveis. Isso muitas vezes o colocava em situações delicadas, como quando saía para o *happy hour* com clientes ou com o pessoal da empresa de eletroeletrônicos em que era gerente de compras e suprimentos.

Cerveja era item abolido de seu cardápio. E álcool, geralmente vinho, somente às sextas-feiras e aos sábados. O rigor era tamanho que os seus amigos mais próximos, que sempre se reuniam para um churrasco e pôquer, já sabiam que a cachaça do Otto tinha que estar separada, caso quisesse beber, pois eram uns três copinhos de cachaça e água, muita água. E só. Cerveja, maionese e frituras, nem pensar. Cristine não tinha problemas quanto a isso, pois sua rotina era igualmente intensa e, embora não fizesse exercícios como o marido, sabia que seus hábitos a ajudavam a manter a silhueta em dia.

Aquele dia tinha sido especialmente pesado. Uma sequência de rodadas de negociação muito intensa com alguns fornecedores que estavam em vias de renovar o contrato anual de fornecimento de componentes. A empresa tinha adotado havia pouco tempo a metodologia *lean manufacturing*, em busca de maior eficiência e melhores resultados. Pierre, o CEO[3] da empresa, estava atuando como *sponsor* direto da iniciativa, a qual considerava crucial para a profissionalização da companhia que havia herdado de seu pai. Otto sabia que isso afetava todas as áreas, que era bom para o negócio, que não era um privilégio de pressão adicional somente para a área de suprimentos, mas a nova política lhe exigia cada vez mais. De um lado, os tais consultores analisando dados e estabelecendo novas metas. De outro, ele tendo que pressionar e esfalfar os fornecedores para chegar nos tais novos critérios e metas para sua divisão.

---

3 CEO (Chief Executive Officer, em inglês) é o diretor-geral ou presidente da empresa. Este é o cargo que está no topo da hierarquia operacional.

Saindo da empresa, sentia como se seu cérebro tivesse sido fritado. Estava com o pescoço e os ombros doídos, não pelos exercícios, mas pela tensão. E com uma dor de cabeça chata, insistente.

Preciso suar essa canseira. Pelo menos trinta minutos de esteira hoje.

Resolveu ir direto para o clube, para uma sessão rápida de corrida e musculação. Avisou a esposa por mensagem, para não ter que negociar. Estava realmente esgotado. Sabia que o excesso de exercícios poderia baixar a sua imunidade provocando uma inflamação da garganta e trazendo, logo em seguida, um resfriado. Volta e meia fazia dessas, como se ainda tivesse vinte e poucos anos, quando, na verdade, já estava com 36.

Chegando no clube, vestiu a muda de roupa de ginástica que sempre tinha no porta-malas e começou a sua sequência favorita. Colocou fones de ouvido, para não se incomodar com conversas paralelas de alguns conhecidos que sempre encontrava por lá. No máximo, um "olá" rápido ou um aperto de mãos. Realmente não queria papo.

Colocou sua *playlist* no aleatório e entrou na esteira, planejando a sequência de hoje: peitoral, ombro, pernas. Estava com vontade de suar. Passados quinze minutos, alguma coisa ainda o incomodava muito. Começou a prestar atenção: a dor de cabeça tinha melhorado, a eterna dor nos ombros não estava tão forte, o joelho esquerdo parecia estável.

Demorou para perceber que parecia haver um problema com seu iPod. A música "Beds are burning", da banda Midnight Oil (grande sucesso nos anos 1980, o que entregava o seu gosto por sucessos antigos), parecia riscada, repetindo insistentemente a mesma parte.

Otto parou e prestou atenção. No áudio, se ouvia a parte da música com a frase *"The time has come"*, uma vez atrás da outra. Otto tentou passar para a próxima música, mas o iPod parecia não responder. Tentou desligar, sem sucesso novamente. Só se livrou do tal trecho, recorrente como um papagaio digital, quando tirou os fones de ouvido.

"The time has come."

Otto tentou reiniciar o aparelho, sem sucesso. Guardou na mochila, terminou sua série e foi para casa. Tomou banho, jantou e, antes de ir para a cama, lembrou que tinha de trocar as roupas para deixar a mochila pronta no porta-malas, para o dia seguinte. Enquanto esvaziava a mochila, achou o iPod e se lembrou do defeito insistente na academia. Colocou os fones para testar novamente, e lá estava a mesma frase: *The time has come.*

Já deitado, ficou pensando no significado da frase em português.

"*Está chegando a hora.*"

5 | Ed

Edward não gostou daquela exposição. Havia mais de dois meses que tinha lido a respeito: a mostra viria para o principal museu da cidade, onde ficaria por apenas 45 dias. Estudou tudo o que encontrou sobre o acervo, as peças e o trabalho dos artistas, com expectativa. Talvez tenha sido por isso mesmo que ficou desapontado. Mais do que isso, com raiva.

Ed tinha uma mente sagaz, ácida até. Inteligente e bem-informado, adorava pessoas e situações que o desafiassem. Sentar para conversar e evoluir para uma discussão acalorada com qualquer interlocutor era fonte de prazer especial para ele, que dificilmente perdia o foco, o bom senso e a calma.

Leitor voraz, aficionado por cinema e artes, era um verdadeiro rato de museus e galerias. Sabia bastante, lia bastante, viajava bastante. Talvez por isso mesmo estivesse desapontado com a exposição que visitou naquele dia. Possivelmente também por isso tivesse poucos amigos, já que constantemente os expunha, desafiava e provocava. Era a sua forma de dizer que se importava com determinada pessoa. Provavelmente por esse mesmo motivo não tivesse um relacionamento mais sério e estável. Sua última namorada, Natalie, ficou com ele por pouco mais de dois meses. Terminou por telefone, depois de uma série de provocações sobre o corte de cabelo que ela tinha adotado. "Ed, só quem serve para você é você mesmo. Não aguento mais. Melhor ficar sozinha do que com o seu sarcasmo e a sua chatice." Para Ed, sarcasmo era quase sinônimo de inteligência. Natalie não conseguia entender isso.

Mas, chatice? Quem ela pensa que é? Fulaninha de segunda categoria. Devia procurar um cara qualquer, viciado em novelas e que leia o horóscopo on-line todos os dias. Isso sim é o que ela merece.

No fundo, bem no fundo, Ed possuía um bom coração e queria estar mais com as outras pessoas. Mas a forma como pensava, agia e se relacionava dificultava isso. Gerente de exportação em uma indústria de carnes e embutidos, passava boa parte do tempo em aviões a caminho de diversos cantos do mundo, lendo e assistindo a filmes. Fluente em inglês, francês e espanhol, Ed preparou-se a vida toda para a carreira que estava construindo. Em suas viagens, aproveitava para visitar museus, exposições, mostras e tudo o que conseguisse descobrir ou encaixar em sua agenda profissional. Certamente a sua régua de referências culturais era alta e diversificada. E sua vida foi sempre muito agitada, com pouco tempo em casa ou na empresa, o que ajudou a formar um tipo de opinião cada vez mais crítica sobre temas culturais, situações do dia a dia e, também, sobre as pessoas.

Em sua última avaliação na empresa, durante a sessão de *feedback* com o diretor da área e a gerente de RH, Ed demonstrou sua real natureza. Ouviu, com satisfação e segurança, sobre os bons resultados trazidos por ele nos últimos doze meses, sobre como havia conseguido expandir a presença da empresa na região da Ásia e EMEA[4] e sobre como o *market share* da companhia havia crescido na Península Ibérica devido ao seu trabalho. Ed tinha certeza de que tudo isso era consequência do seu trabalho e que, logo, logo, receberia o convite para uma promoção. Ou, quem sabe, um telefonema de um *headhunter* para trabalhar em outra empresa.

Mas, quando a sessão de *feedback* entrou na avaliação de comportamento, o clima mudou completamente. Seu diretor, com o relatório

---

[4] EMEA (em inglês Europe, Middle East and Africa), Europa, Oriente Médio e África.

em mãos feito pela área de RH, falava em pontos de atenção sobre relacionamento interpessoal, escuta ativa e trabalho em equipe. Ed não prestou muita atenção aos detalhes, pois, internamente, estava em ebulição. Quando começou a responder e a desdenhar, de forma sutil, sobre o trabalho e a competência da gerente de RH (*uma pseudoespecialista em teorias de psicologia barata que não se aplicam a ninguém e a nenhum negócio*), Tim, o seu diretor, interrompeu categoricamente a sua fala e pediu que ficasse quieto e que escutasse.

OK, Sr. Limitado, vou calar a boca até tomar o seu lugar, o que não vai demorar muito.

Esse era o jeito Ed de lidar com as coisas. Críticas, acidez, resistência e, em casos extremos, silêncio tumular, que podia parecer concordância ou obediência, mas que, na verdade, era protesto, teimosia e desprezo.

Ed trabalhava para conquistar um padrão de vida cada vez melhor. Em parte, porque gostava de se proporcionar, de se mimar com os confortos conquistados pelo dinheiro. Mas, também, porque teve uma infância muito difícil. Filho de pai empreendedor que faliu quando o filho tinha 7 anos e de uma mãe que não trabalhou, mas que fez tudo o que podia pela família. A falência do pai e as dificuldades de sua infância e adolescência deixaram marcas profundas em sua personalidade. Por isso, sabia que tinha que fazer tudo por ele mesmo para conquistar o que quisesse no futuro.

Talvez por isso tornou-se um colecionador inveterado. Colecionava carrinhos de brinquedo. Os mais raros eram os que tinha guardado da infância e todos os demais comprados nas inúmeras viagens feitas para diferentes países. Tinha um ciúme doentio da sua coleção de livros de arte, que guardava catalogados em ordem alfabética. Maria, a moça da que cuidava da limpeza de sua casa, sabia que aqueles acervos eram preciosos e quase intocáveis. Só podiam ser limpos quando Ed estivesse em casa supervisionando pessoalmente o ritual.

Outro motivo de grande atenção e orgulho eram suas milhagens. Passageiro "Platinum", "Black", "Olympus" entre outras nomeações dos planos de milhagem das companhias aéreas, Ed se orgulhava do seu *status* e do volume de milhas acumuladas por causa das viagens internacionais a trabalho. Seu cuidado com os prazos de validade e os planos de extensão era inversamente proporcional ao uso das milhas, já que tinha pouco tempo para usufruir , além da falta de companhia para viagens de cunho pessoal. Mas os diversos cartões de milhas e *tags* de bagagem eram mais algumas preciosidades do seu acervo de coleções.

Naquele fim de dia, depois de sair da exposição e passar num empório para comprar uma garrafa de *merlot* e queijos, chegou em casa disposto a assistir a um bom filme e relaxar. Quando o porteiro lhe entregou uma correspondência, estranhou duplamente. Primeiro, porque era sábado, e normalmente não recebia nada pelo correio durante os fins de semana. Segundo, porque o envelope tinha como remetente uma tal de "Air Providence", que ele nunca tinha usado ou voado, e tampouco ouvido falar.

Entrando em sua cozinha, acendeu as luzes, largou a sacola com as compras e sentou-se para abrir o tal envelope. Era um daqueles que trazia um cartão plástico mais firme, igual aos dos programas de milhagem. Abriu o envelope, retirou o impresso com uma dobra contendo o seu nome completo na aba que funcionava como capa.

Ao abrir a aba, um cartão plástico, igual a tantos outros já recebidos. Em vez de ser preto, prateado ou dourado, como sempre são os das melhores categorias das companhias aéreas, esse era todo branco, em tom perolado.

Ele também tinha o seu nome completo, impresso em preto. Nada mais escrito, nem no cartão, nem no impresso.

Destacou o tal cartão, ansioso, intrigado.

Virou para conferir o verso e viu apenas uma frase, impressa no centro.

Ficou alguns minutos em silêncio, pensando e tentando entender aquilo tudo. Em especial a frase:

"The time has come."

6 | Becca

Rebecca desembarcou correndo do voo, rezando para o trânsito não estar muito pesado na volta do aeroporto. Quase por um milagre, tinha conseguido fazer uma reunião rápida e produtiva com um *prospect* muito promissor e adiantar seu voo (normalmente pegava o último, mas naquele dia estava chegando à sua cidade antes das 17h45, o que não acontecia quase nunca). A apresentação de sua filha estava agendada para começar às 18h30. Com sorte, conseguiria não só chegar a tempo, mas surpreender Louise com a sua presença, já que ela estava acostumada a ver somente a avó Marlene, mãe de Rebecca, como a única representante da família nos seus eventos escolares e esportivos.

Por favor, por favor, meu pai! Faça que o trânsito esteja bom e que eu consiga chegar a tempo!

Não é que não amasse sua filha. Pelo contrário, Louise era o seu presente mais precioso, a luz da sua vida. Mas Becca precisava sustentar a família, pagar todas as contas e prover as necessidades da filha. Divorciada havia mais de oito anos, Becca foi uma velocista em seu único casamento. Namorou durante seis meses, engravidou antes de se casar, casou aos quatro meses de gravidez, separou-se pouco antes de Louise nascer. O pai nunca quis conhecer a filha, nem mesmo registrá-la.

Melhor assim, minha filha não precisa daquilo como pai.

Becca, agora com 34 anos, era gerente comercial em uma empresa de serviços educacionais. Viajava o país todo, visitando *prospects* e clientes para manter e ampliar a carteira de negócios. Na época do turbilhão casamento/gravidez/separação, era coordenadora e, além dos dez dias de férias tirados para a lua de mel, ficou pouco menos de dois meses afastada do trabalho durante a sua licença-maternidade. A principal razão era porque sabia que, a partir daquele momento, seria a única provedora de sua filha, e sentia-se como uma leoa que devia proteger sua cria a todo custo. O outro motivo era porque estava desamparada e arrasada, e sabia que o trabalho poderia ser uma válvula de escape para não pensar em tudo o que tinha acontecido.

Durante os últimos anos, tinha trabalhado, viajado e conquistado. As conquistas envolviam o reconhecimento, a promoção para gerente e uma boa remuneração. Mas tudo isso a um custo enorme para Becca: sua ausência na vida de Louise. Praticamente não via a filha crescer. Marlene, sua mãe, filmava tudo e enviava pelo celular: as primeiras palavras, as caretas, os primeiros passos, o primeiro xixi fora das fraldas, as apresentações na escolinha e no coral, as celebrações na academia de tênis, entre tantas outras coisas. Nos fins de semana, Becca se dedicava ao máximo à filha, em uma combinação de consciência pesada, mimo excessivo e um certo ciúme pela ligação excessiva de Louise com a avó.

Becca corria pelo terminal, tentando desviar das centenas de pessoas que surgiam em seu caminho. Nunca o aeroporto pareceu tão lotado como naquele dia. Foi até mal-educada, fingindo não perceber que havia passado com as rodinhas de sua mala sobre os pés de pelo menos duas pessoas. A fila no guichê de pagamento do estacionamento tinha umas dez pessoas, e Becca chegou a pensar em oferecer dinheiro para poder furar e pagar imediatamente. Esperou uns cinco minutos, que pareceram uma eternidade. Pagou, validou seu *ticket*, saiu correndo novamente, pegou o elevador e, finalmente, chegou ao seu carro. Abriu a porta, jogou a mala no banco de trás, sentou na direção, deu a partida. Quando estava começando a dar a ré, viu um minicartaz colocado sobre seu vidro traseiro. Não conseguia enxergar quase nada. Estava tão atarantada que não tinha notado o impresso no vidro. Saiu do carro, tirou o cartazete e sentou-se de novo no banco do motorista. Teve que sair novamente, pois alguma coisa também havia sido colocada sobre o para-brisa dianteiro. Olhou para os lados e estranhou, pois nenhum dos demais carros que estavam estacionados por ali tinham algo parecido colocado sobre seus vidros. Somente o carro dela. No vidro traseiro e no dianteiro. Sentou-se no banco novamente e leu a frase, idêntica, escrita em ambos os cartazes.

"Está chegando a hora."

Deu a partida e saiu em disparada rumo à escola da filha. No caminho, começou a pensar em quem poderia ter colocado isso no seu carro. *Que tipo de brincadeira seria aquela?* Esqueceu-se do assunto após alguns minutos, quando uma ligação de sua coordenadora, Janet, chegou pelo viva-voz. Falaram durante os cinquenta minutos do retorno do aeroporto, fechando a proposta comercial daquele cliente do Nordeste, uma conta fundamental para atingirem a meta do ano. Chegou à escola da filha na metade da apresentação, mas todo o esforço foi recompensado pelo sorriso e brilho nos olhos da menina quando viu que a mãe estava ali, cantando, dançando e batendo palmas. Becca estava emocionada com as pequenas vozes entoando canções que aqueciam não só o coração. Aliviavam, também, a consciência pesada da ausência e a sensação de fazer escolhas erradas diariamente.

No dia seguinte, Becca acordou cedo, tomou café com a filha e levou-a para a escola. Foi direto para o trabalho. Almoçou em cima da mesa de reunião. Propostas para revisar e enviar, entrevistas com candidatos finalistas para as posições abertas de consultores de vendas, *conference-calls* com diversos clientes, reunião de gestores com o CEO para avaliação da prévia de resultados do mês. O dia passou voando. Até as pausas para ir ao banheiro aconteciam na base da emergência, tal o ritmo de tarefas e de coisas para fazer.

Quando voltou para a sua mesa, depois da última reunião do dia, passando das 19h, encontrou uma caixa de presente. Estranhou, pois não era seu aniversário e não tinha nenhum fã em vista. Havia tempos, na verdade. Desde o seu divórcio, Becca simplesmente havia se desligado da vida emocional, colocando tudo em *stand-by*. Vivia para trabalhar durante todos os dias da semana e para a filha nos fins de semana. Gostava do que fazia, sustentava sua família, mas volta e meia se perguntava como poderia mudar um pouco o ritmo, a direção. Como mudar esse estilo de vida? Como conseguir viver um pouco mais sem a sensação de que os dias, as semanas e os meses escorrem pelas mãos como areia fina?

Sentou-se em sua cadeira, intrigada. O cansaço deu lugar à curiosidade. Era gostoso ganhar um presente inesperado, que não fosse somente no Natal ou em alguma data especial. Olhou para a caixa, preta, tamanho médio, como se fosse de uma camisa. Um laço branco, bem-feito, servia como adorno. Sobre a tampa, uma pequena etiqueta com o seu nome completo, a área de trabalho e o nome da empresa. Realmente, era para ela. Abriu cuidadosamente, desatando o laço e levantando a tampa da caixa. Dentro, uma camisa branca de alças de algodão bem fino. Nenhum cartão. Retirou a camisa da caixa pelas alças e ficou parada, como uma estátua, assustada. Não pelo presente ou pela caixa, mas pela frase impressa em letras douradas no tecido bem na altura do peito.

"*Está chegando a hora.*"

7 | Uly

Ulysses passou no supermercado com a lista do que comprar no bolso, mais por garantia do que por necessidade. Já sabia de cor o que precisava, todos os ingredientes, desde os aperitivos até a sobremesa. Seus jantares eram famosos entre os amigos, e os convites para a sua casa, quase nunca recusados. Cozinhar era mais do que um hobby para ele, era um momento de alquimia e concentração. Junto com a esposa, Deborah, tinha planejado esse jantar havia cerca de uma semana, e convidado três casais de amigos próximos. A noite prometia. Como sempre, Uly cuidaria dos ingredientes e da cozinha, e os amigos trariam o vinho.

Tomara que os cogumelos portobello tenham chegado hoje.

Uly não era cozinheiro profissional, embora fosse viciado nos *reality shows* de culinária que proliferam nos diferentes canais a cabo. Gerente industrial de uma empresa fabricante de componentes e sistemas para o segmento automotivo, vinha construindo uma carreira sólida e de sucesso. Com perfil introspectivo, mas extremamente observador, Uly era uma mistura quase perfeita entre o planejador e o gestor de crises. Homem de poucas palavras, mas de reações certas no momento certo, detinha a confiança da sua equipe e de Al, CEO da empresa, que o havia contratado por meio de um processo conduzido por um *headhunter* dois anos antes.

Se Uly tinha boa performance e gostava do seu trabalho, era na cozinha que realmente se realizava, o que geralmente acontecia nos fins de semana, já que a sua agenda de trabalho era muito intensa. Responsável direto por uma planta e matricialmente por duas outras em um raio de 400 km, volta e meia se deslocava de carro entre as fábricas. Além do cansaço pelo volume de trabalho e pelas viagens, pois ele próprio dirigia, havia ainda toda preocupação de Deborah, que definitivamente não gostava de ver o marido dirigindo por longas horas e, em algumas semanas, percorrendo seis trechos entre uma planta e outra.

Quando o fim de semana chegava, na sexta-feira ou no sábado cozinhar para os amigos era quase sagrado. Gostavam de receber a família ou os amigos mais próximos, mas a principal razão era a terapia para Uly, que adorava se aventurar em receitas novas, preparos sofisticados e ingredientes exóticos. Poderia estar estressado, nervoso ou o que quer que fosse. No final, quando as louças eram lavadas, sentia só leveza e alegria. Não raro seus amigos brincavam, sugerindo que ele abrisse um restaurante, tal era o seu talento. Ele gostava especialmente do ritual, do silêncio mental e do trabalho individual. Deborah sabia que ninguém mais podia estar na cozinha com ele, só na hora de lavar a louça, depois do jantar. No momento do preparo, Uly, na cozinha, era como um *highlander*: só podia haver um.

Sua capacidade de observação estava presente no preparo das receitas, na apresentação dos pratos, na reação das pessoas à primeira garfada. E também na análise de processos produtivos nas fábricas, nas relações entre as pessoas do seu time, nos conflitos com os demais gestores – seus pares no trabalho.

Uly era reservado por natureza e por opção, entendendo que observar, escutar e pensar, antes de agir, era sempre o melhor caminho. Um bom exemplo foi quando, cerca de um ano antes, um notebook utilizado para controles itinerantes no chão de fábrica sumiu de uma das plantas. Desapareceu como se tivesse sido teletransportado para o espaço. Imediatamente começaram as diligências e buscas, indicando que um dos operadores de máquina havia sumido com o computador. Quando o problema e a solução – demissão por justa causa e queixa-crime – chegaram às mãos de Uly, ele insistiu em conversar com John, o operador acusado. Nessa conversa, somente os dois, Uly questionou sobre a eventual culpa de John, olhos nos olhos. Além de lágrimas, nervosismo e negação com desespero, percebeu inocência e verdade. Dois dias depois, com a ajuda de John, localizaram o notebook trancado no armário de um operador temporário que havia sido admitido junto com outros trabalhadores eventuais para suprir a demanda de extensão de um contrato para um importante cliente.

Para Uly, as pessoas vinham antes de tudo. Ele sabia da importância de processos e métodos para o seu trabalho como gerente industrial e para as suas receitas, mas era nas pessoas que centrava toda a sua atenção. Por conta desta característica, foi várias vezes convidado para migrar para a área de RH, pois sua observação e escuta eram motivos de *feedback* altamente positivo por seus pares e time de trabalho.

Com a entrada de camarões pronta e as vieiras do prato principal encaminhadas, Uly começou a se dedicar ao preparo da sobremesa, uma *banoffee* com calda de frutas vermelhas. Estava especialmente inspirado naquela noite, e queria proporcionar uma experiência especial para seus amigos. Lembrou-se, então, do jantar de Christian, seu filho de três anos, que Deborah havia pedido para ele providenciar enquanto ela cuidava do banho do menino, para que quando os amigos chegassem ele já estivesse alimentado e embalado em sono profundo.

Pensou no que poderia ser um prato rápido e leve, e optou por uma sopa de macarrão para Christian. Olhou na despensa e só tinha macarrão em formato de letrinhas. Era aquilo mesmo. Colocou a água para ferver, um pouco de sal, acrescentou um pouco de caldo verde pensando na nutrição do filho e voltou a se ocupar do preparo da *banoffee*. Quando a água ferveu, colocou o macarrão de letrinhas. Em pouco menos de cinco minutos estaria pronto, bem a tempo de Deborah trazer o menino, pois sabia que ela já estava na operação "secar o cabelo" (quando Deborah cantava para distrair o filho, que volta e meia caía no choro, pois definitivamente não gostava do barulho do secador de cabelo).

 Desligou a panela com o macarrão, pegou a tigela favorita do menino, com motivos de astronauta, uma concha pequena e foi até a panela servir o jantar menos *gourmet* mas mais eficiente que tinha conseguido providenciar. Queria que a temperatura já estivesse no ponto, nem fria nem quente demais, quando eles descessem. Levou a concha até a panela e, quando estava para servir o macarrão, notou alguma coisa e parou. Tirou a concha e a colocou na bancada. Ficou um tempo parado, olhando, sem entender. No início, achou que era algo da sua cabeça. Depois, teve certeza de que não. Chamou Deborah que veio com Christian pronto, no colo. *Kit* completo: pijama, cabelo seco, pantufas. Pediu que ela desse uma olhada na panela com a sopa do filho. Deborah estranhou, mas foi até o fogão, achando que alguma coisa estivesse estragada. Ficou observando, intrigada, olhou de volta para Uly, e leu em voz alta.

 "*Está chegando a hora.*"

8 | Providence

Providence chegou em casa, tirou os sapatos, lavou as mãos e foi esticar um pouco suas costas. Adorava esse ritual de final de dia, em que o silêncio era quase total, quando podia desligar o celular por um tempo, alongar-se um pouco, tomar um banho e sentar para meditar.

Meu reencontro comigo mesma.

Os últimos dias tinham sido especialmente intensos, com todas as manobras que teve de executar, algumas simples e outras nem tanto, para chamar a atenção dos próximos protagonistas. Foi um quebra-cabeça e tanto conseguir fechar o perfil desse Conselho, com todas as entrevistas e solicitações dos CEOS.

Depois da ducha, colocou uma roupa confortável, sentou-se no canto favorito no chão do escritório de casa, sobre a sua almofada já puída de tanto uso, fechou os olhos e começou a prestar mais atenção à sua respiração. Antes que pudesse começar a tentar limpar a sua mente, as imagens dos protagonistas desse próximo Conselho flutuavam à sua frente. Ela tinha se superado dessa vez. Mas acreditava, sentia, na verdade, que tinha atingido o seu objetivo: prepará-los para a entrega do convite formal para o Carrossel.

Quem conhecia a Providence de então não pode imaginar as diferentes etapas da sua vida pessoal e profissional. Solteira, 45 anos, sem filhos, cem por cento dedicada à sua missão de vida: estimular novas formas de consciência e ação por meio de pessoas. Tudo isso para fazer diferença em suas vidas pessoais, em suas carreiras e nas empresas onde elas trabalham.

Talvez sua trajetória tenha começado a ser definida com a escolha do seu nome, em um momento inspirado dos pais, quando ela nasceu: Providence, ou Providência. Seus pais adoravam o simbolismo de razão e emoção do nome. Pelo lado da razão, um nome que traz os sinônimos de decisão e ação, o que definitivamente eram características fortes da sua personalidade. Providence acreditava e vivia sob o mantra do fazer acontecer. Já pelo lado da emoção, seu nome evoca o significado de sabedoria e cuidado divinos. Algo relacionado ao intangível, ao mistério da vida, à espiritualidade e à uma consciência maior. Para ela, sensibilidade, atenção e inspiração eram ingredientes fundamentais da sua expressão de vida.

Porém, mais que o nome, era a carreira de Providence que ajudava a explicar muito do seu trabalho atual. Logo que terminou sua pós-graduação em uma universidade de primeira linha, ela rapidamente começou a galgar os degraus da hierarquia corporativa com as conquistas de *status*, poder e remuneração. Doze anos após sua formatura, era CEO em uma empresa multinacional de rápido crescimento no segmento de tecnologia, com o pacote completo: *staff*, sala exclusiva, elevador privativo, remuneração invejável com bônus anuais crescentes, benefícios que incluíam carro com motorista e passagens na classe executiva, capas de revistas de *business*, palestras em seminários corporativos, entre outros mimos. Tudo isso era motivo de satisfação para ela. Se não fosse por uma crescente sensação de estar na direção errada. Não que fosse desonesta ou concordasse com práticas de negligência, mas ela queria mais. Na verdade, precisava de mais. Nada material. Mas, sim, mais significado, legado, propósito de vida.

Então, um belo dia, largou tudo. Para a surpresa de todos os colaboradores, membros do Conselho de Administração, colegas CEOs e imprensa, pediu para descer, para sair. Organizou sua sucessão, abriu mão de tudo e, em menos de seis meses, se viu na escrivaninha do escritório de sua casa, na frente de um computador, começando a projetar, do zero, em uma página em branco do Word, o que queria fazer dali em diante. De verdade. Com verdade.

Como poderia ignorar esse chamado?

Providence sempre gostou muito de gente, de trabalhar com pessoas. Sua maior satisfação era selecionar bons profissionais, ajudar um talento a florescer, um *high potential* a começar a brilhar. Fazia isso de forma genuína, legítima, porque realmente se importava com as pessoas. A partir dessa premissa, começou a projetar alguma coisa que unisse o que gostava com a experiência que tinha acumulado. O resultado foi um programa de capacitação de profissionais diferente. Bem diferente, na verdade.

As diferenças começavam nos termos que ela criou. *Protagonistas* eram os executivos convidados para participar dos programas de desenvolvimento. Talvez pela força do seu nome ou do quanto acreditava nas pessoas, para Providence protagonismo era uma premissa fundamental do seu novo trabalho. Começando com ela mesma, e irradiando por todos aqueles com quem pudesse trabalhar e ajudar. Os executivos convidados para cada encontro não faziam parte de um simples grupo, mas de um *Conselho*. Um Conselho de pessoas notáveis. Notáveis por suas conquistas individuais e também por sua capacidade ou seu potencial de espalhar os conhecimentos em seus respectivos ambientes, fossem eles suas empresas ou círculos de relacionamento pessoal. Notáveis também por aprender a apoiar uns aos outros, de forma verdadeira. Os encontros não eram chamados de *workshops* ou seminários, mas de *Carrosséis*. Providence adorava a figura do carrossel e via grande semelhança com o formato do que havia projetado: retorno à essência, diferentes assentos e papéis, movimentos circulares, interações, viagens interiores, limites inexistentes entre os pontos de partida e os de chegada, observação, emoções, descobertas.

Para seus Carrosséis, Providence convidava somente quem ela queria, quem achava que estava pronto, no momento adequado. Seu *network* profissional e sua reputação como CEO de grande empresa ajudaram muito para que os primeiros Carrosséis rapidamente se tornassem objeto de curiosidade de ex-colegas também CEOs. O resultado foi uma longa lista de espera de empresas para a formação de novos Conselhos de Protagonistas. Mas ela fazia as coisas com quem queria, como queria, na velocidade que achava (ou que sentia) adequada.

Por isso esse novo Carrossel tinha sido tão trabalhoso. Reunir sete profissionais de empresas distintas, sem que nenhum deles se conhecesse, tinha sido um quebra-cabeça e tanto. Mas ela estava muito animada, emocionada até, com o potencial desse Conselho.

Os convites formais seguiriam no dia seguinte, todos os detalhes estavam sob controle. Até mesmo os e-mails para os CEOs, que fariam o reforço individual para cada um dos sete novos protagonistas sobre o programa de desenvolvimento que eles participariam em alguns dias.

Providence respirou mais fundo e agradeceu, emocionada. Antes de mergulhar completamente em sua sessão de meditação, entoou em voz alta.

"Está chegando a hora."

9 | Inbox

Caroline entrou em casa e respirou fundo. Mais um dia daqueles. Deveria ter ido para a academia, mas simplesmente não tinha forças. O ritmo dos projetos estava ensandecido, e ela não sabia por mais quanto tempo conseguiria aguentar. Talvez devesse abrir o jogo para Ted, o CEO, pois sentia-se testada por ele o tempo todo. Quanto mais ela dava conta, mais desafios ele colocava em sua pauta. Até que ponto era culpa dela? Por que era tão difícil conseguir dizer não ou negociar novos prazos? Adorava a área de gestão de pessoas e a empresa, mas tudo tinha um limite. Ted também havia mencionado sobre um encontro de executivos que ela deveria participar, como se tivesse tempo para isso! Além do volume de trabalho, sabia que estava ausente de casa, do marido e das crianças.

— Já chegou? Tem um convite estranho para você em cima da bancada — disse Peter.

— Oi, querido. Estranho por quê?

— Um envelope branco com seu nome e um desenho de criança. Achei até que o Lorenzo tivesse pegado para se divertir, mas ele jura que não foi ele...

Caroline estremeceu e lembrou-se do desenho de Lorenzo no jornal, feito uns dias antes. Ansiosa, foi até a cozinha e pegou o envelope. Tamanho grande, papel firme. Na parte da frente, seu nome completo, escrito à mão. No rodapé, a frase "A hora é agora".

Engoliu em seco.

No verso, nenhuma indicação de remetente, somente um desenho infantil, com uma casa, montanhas, o pôr do sol, um lago. Muito parecido mesmo com o traço de Lorenzo. Colorido com giz de cera.

Ela abriu o envelope. Dentro, um cartão arredondado. Um traço bem fino, como se fosse uma sombra, mostrava que o formato era de uma roda-gigante. Ou seria um carrossel? Sete pontos, sete extremidades. Como se cada uma delas fosse um assento. Em um deles, o seu nome completo. No centro, um texto breve:

Caroline, a hora é agora.
Você está convidada a ingressar no próximo carrossel, nosso programa de desenvolvimento pessoal e profissional de dois dias.
Por favor, converse com ted, seu ceo, caso tenha alguma dúvida antes do nosso início, marcado para...
Presença e coragem,
Providence

Providence? Isso era uma pessoa ou um lugar?

Presença e coragem? Para quê?

Por que sete pontos? Seriam sete pessoas, ela e mais seis?

Como ela conseguiria ficar fora dois dias inteiros com o tanto de trabalho que tinha para fazer e todos os projetos que deveria entregar? E Peter e as crianças?

Como profissional de RH, sabia da importância desse tipo de treinamento, mas agora era simplesmente IMPOSSÍVEL.

Pegou seu smartphone da bolsa. Certas coisas não podiam esperar. Teria que resolver isso imediatamente. Acabara de chegar em casa, não tinha nem tirado os sapatos ainda, mas tinha que resolver mais esse assunto de trabalho. Mandaria uma mensagem para Ted avisando que não queria, não poderia (não conseguiria) participar. Olhou para a tela do aparelho, sem palavras. Antes que pudesse pensar em começar a escrever, leu a mensagem de WhatsApp dele, enviada havia uns cinco minutos.

"Convite da Providence deve ter chegado. Pode se organizar para ir. Oportunidade imperdível. Nem pense em dizer não. Não estou pedindo."

Da Providence? Então era uma pessoa, uma profissional, e que conhecia Ted! E ele sabia de tudo! Será que até mesmo do desenho no jornal?

Exausta, foi direto para o quarto, seguida por Peter. Ela olhou para ele e não falou nada sobre o convite. Prevendo a reação do marido quando soubesse que ela ficaria fora dois dias inteiros, convidou-o para tomarem um banho juntos. Trancaram a porta. Talvez ela precisasse realmente relaxar.

Otto chegou em casa, depois da aula de ioga, pensando em jantar algo bem leve, pois queria acordar mais cedo no dia seguinte para ver se conseguiria nadar um pouco mais. Cristine, sua esposa, estava com o notebook na cozinha, comendo um sanduíche e revisando um texto do seu blog, antes de publicar.

— Por que imprimir essa letra de música? — ela perguntou.

— Oi. Imprimir o quê?

— Essa letra de música que está presa no convite que chegou para você, com um clipe de papel...

Otto sentiu um calafrio. O envelope branco com seu nome tinha a letra da música "Beds are burning" anexada, com a frase *The time has come* destacada com marca-texto amarelo.

Uly recebeu o seu convite das mãos do porteiro, dentro de uma sacola. Um envelope com o seu nome e um pacote de sopa de macarrão de letrinhas. O texto do cartão em formato de carrossel mencionava o nome de Al, CEO da empresa. Sabia que não podia ser coincidência. Entrou em casa e ligou para a esposa, Deborah.

— Você tá querendo me sacanear, não é? — ele perguntou, sem nem dizer alô.

— O quê?

— A sopa de macarrão com letras! Foi você, não é?

— Uly, em primeiro lugar, cuidado com o seu tom. Em segundo lugar, sobre o que é que você está falando, homem de Deus?

༺༻

Becca recebeu o seu convite das mãos de Marlene, sua mãe, que tinha vindo para cuidar de Louise. Mais uma vez, tinha perdido o voo por conta de uma reunião mais extensa com um cliente, e apelado para a mãe buscar Louise na escola.

— Chegou para você, filha.

— O quê, mãe?

— Nunca tinha visto nada desse tipo. A que ponto chega a criatividade desse pessoal!

— Por quê, mãe?

— Onde já se viu, um broche pregado em um convite? E com o seu nome?

Becca pegou o convite e teve que sentar. Além do seu nome, o broche de plástico tinha os dizeres "A hora é agora".

༺༻

Antony chegou em casa, com Francis já querendo explicações.

— Quem é essa tal de Providence?

— O quê?

— A dona do espelhinho de maquiagem! — ela gritou. — O que está acontecendo, senhor Antony?

Em suas mãos, um convite em nome de Tony, aberto, e um miniespelho com a frase "A hora é agora" escrita com lápis delineador.

༺༻

Gina teve que tomar um calmante de tão nervosa que ficou. Quem poderia estar por trás disso? E na casa dela!

Chegando em seu apartamento, encontrou o convite com um pen drive anexado. Estranhou, pensando que pudesse ser de William, o CFO, com alguma versão comentada da sua apresentação frustrada.

Ligou o notebook e plugou o pen drive. Checou a existência de vírus. Nada.

Um único arquivo em PDF. O mesmo *slide* da sua apresentação, mas com uma frase ligeiramente diferente "A hora é agora".

Não viu mais nada. Entrou em pânico. Tomou um calmante, tremendo.

Quem poderia ter feito isso? Como conseguiram mandar aquilo para a sua casa? Pegou o telefone para ligar para a sua chefe. Respirou. Pensou melhor.

Voltou ao notebook para ler novamente o *slide*. Viu que havia um segundo, exatamente com o mesmo formato e conteúdo do convite impresso, aberto em seguida.

❧

Ed chegou em casa e gritou para Maria.

— Cheguei!

— Senhor Edward, eu trouxe suas correspondências. Estão em cima da mesa da sala. Mais um cartão para suas viagens!

— Obrigado, Maria.

Ela conhecia bem o perfil de Edward e o quanto ele cuidava das suas coleções, a ponto de reconhecer o formato dos envelopes que traziam os cartões de viagem. Nem queria pensar em como ele ficaria bravo se ela perdesse algum. Ainda mais um como esse que já tinha uma etiqueta de bagagem do lado de fora do convite. Por isso mesmo deixou-o no topo da pilha de correspondências.

❧

10 | Razões

— Bom dia a todos — saudou Providence, em um tom animado e revigorante. — Sejam muito, muito bem-vindos ao nosso Carrossel.

— Bom dia — responderam, alguns por educação, outros por curiosidade. Silêncio e desconfiança também estavam presentes, bem como a sensação de perda de tempo e o julgamento crítico.

Nada que Providence não tivesse visto ou ouvido antes, durante os encontros anteriores ou em sua carreira executiva.

— Todos chegaram bem ontem à noite? Encontraram seus quartos com tudo o que precisavam?

Estavam numa espécie de hotel fazenda, em uma região campestre a cerca de 200 km do aeroporto mais próximo. Todos haviam feito *check-in* na noite anterior, preparados para três noites e dois dias inteiros ali. Nenhuma ausência, como de costume. A única falta até hoje havia sido por problema de saúde. Nada como o apoio incondicional dos CEOs...

Ao fazerem *check-in*, foram surpreendidos com a apreensão compulsória de seus eletrônicos e *gadgets*. Providence contou 32 aparelhos para este grupo, quase um recorde, entre notebooks, smartphones, smartwatches, Kindles e tablets.

Reclamações usuais, com destaque para Ed, que só faltou ameaçar com um processo, e Gina, que quase chegou às lágrimas de tanto nervosismo.

No momento do confisco dos relógios de pulso, alguns entregaram sem maiores comentários, outros com um muxoxo de desprezo.

— Que infantilidade.

— Vão pedir minhas roupas de baixo também?

Nos quartos, nada de TV ou rádio. Nem telefone fixo. Nada de tecnologia. Somente um lanche leve que seria o jantar e um bilhete de boas-vindas assinado por Providence. Nele, três conselhos:

1. Deitem cedo, pois amanhã teremos um dia longo.
2. Usem roupas confortáveis, como se estivessem em casa. Mulheres não devem usar saias ou vestidos.
3. Abracem esta experiência única.

Foram acordados com batidas leves nas portas, enquanto uma música, que parecia um mantra, ecoava pelos corredores. Café da manhã reforçado, com menu saudável. Sucos naturais, sanduíches, cereais. Durante os quinze minutos do café, Otto se sentiu em casa com o seu cardápio natureba. Gina também, embora não tivesse comido quase nada por conta do nervosismo de não poder ter acessado seus e-mails na noite anterior.

— E então, dormiram bem? Estranharam o silêncio deste lugar? — perguntou Providence.

— Por favor, posso fazer uma pergunta? — disse Becca, inaugurando a voz dos participantes. — Como posso falar com a minha filha se não estou com o meu celular e não tenho um telefone no quarto? Passei na recepção e a atendente disse que eu deveria fazer tudo por seu intermédio, senhora Providence.

— Pode me chamar de você. E de Providence.

— OK, desculpe. Mas, como posso falar com a minha filha?

— Se você tiver um recado urgente para ela pode passar para mim ou para o nosso pessoal de apoio, que ela certamente o receberá. Da mesma forma se qualquer um de vocês tiver que receber um recado urgente de suas casas ou empresas.

— De nossas casas? — perguntou Antony.

— Isso mesmo. Temos os telefones de suas casas e das pessoas mais próximas de vocês para qualquer emergência. E todos sabem que vocês estão aqui. Então, não se preocupem. Em casos de emergência, vocês serão salvos! — Providence disse, sorrindo.

Encontrou no olhar de Uly e de Caroline um início de entendimento.

— Bem, estarei com vocês o tempo todo durante estes dias, mas logicamente não faço esse trabalho sozinha — continuou. — Tenho um time muito especial que me ajuda a cuidar de todos os detalhes, sendo que alguns deles vocês nem verão por aqui. Ao contrário de Toby. Este é Toby, responsável por registrar os nossos momentos juntos. Ele vai fotografar e nos acompanhar o tempo todo, sempre tentando ser o mais discreto possível. Aliás, muitos de vocês não vão nem perceber a presença dele, não é mesmo, Toby?

Toby sorriu para Providence, registrando o momento, enquanto ela começava a distribuir cadernos para os participantes.

— Estes são os seus cadernos individuais de anotações. Gostaria que os levassem com vocês em todos os momentos. Escrevam suas dúvidas, seus receios, o que eventualmente aprenderem, o que discordarem. Desenhem, anotem seus pensamentos, registrem suas reações, suas emoções. Escrevam para si mesmos, para seus amigos e familiares, para seus chefes, pares e colegas de trabalho. Escrevam o que quiserem, para quem quiserem. Inclusive para reclamar ou criticar o que não gostarem sobre o que estamos fazendo aqui, mas procurem escrever. Voltem ao hábito da escrita durante o tempo em que estivermos juntos. E, quem sabe, fora daqui um pouco também. Gosto de chamar esses cadernos de *Diários de bordo*. Usem da melhor maneira possível durante o nosso Carrossel. Importante salientar que as anotações são individuais e confidenciais, a não ser que você queira, por alguma razão, compartilhar com um protagonista, com o Conselho como um todo, ou comigo.

— Desculpe, mas você disse protagonista? — interrompeu Ed.

— Isso mesmo. Cada um de nós é um protagonista. Juntos, formamos, ou devo dizer, formaremos, o Conselho de Protagonistas deste Carrossel.

— Como assim? — insistiu Ed.

— Por ora vamos apenas trabalhar com a informação a respeito da nomenclatura de cada um de nós como participantes. Somos, todos, protagonistas deste Carrossel.

Ed olhou para cima com desdém e soltou um suspiro, que Providence fingiu não notar para não estender a parte dele.

— Estaremos aqui, juntos, por três noites e dois dias. Ou seja, vocês passam hoje e amanhã o dia inteiro comigo. Depois de amanhã, de manhã, os carros vêm buscá-los, logo após o café, para irem direto ao aeroporto.

Gina rezou para que o tempo passasse voando. Não via a hora de poder voltar a ter contato com a civilização. Caroline se sentiu dividida. De um lado, sabia que tinha muita coisa para fazer lá fora; de outro, ter a oportunidade de respirar um pouco era motivo de alívio.

— Outro ponto importante, que faço questão de declarar desde já, de acordo com o nosso posicionamento de transparência total, é que todos vocês estão aqui por terem sido indicados por seus CEOs. Estive pessoalmente com cada um deles para uma entrevista sobre a empresa e seus desafios, bem como sobre as impressões deles sobre vocês. Enviamos, também, questionários on-line com percepções sobre seus perfis, que foram respondidos por seus pares e por integrantes de suas equipes de trabalho.

Tony começou a achar que isso era uma etapa da seleção para a posição de gerente de produto, mas nunca tinha ouvido falar de um processo tão longo e cheio de detalhes.

— Além disso, vocês devem se lembrar de uma suposta nova secretária da diretoria que sentou-se como ouvinte nas últimas reuniões de *staff* em que vocês participaram com seus CEOs. Pois bem, aquela era Laura, uma consultora do nosso time, que participou das reuniões como ouvinte para coletar mais indícios sobre a dinâmica das relações entre o CEO e seu *staff*, bem como de cada um de vocês com seus colegas de trabalho.

— E isso é legal? Quero dizer, está dentro da lei? — questionou Otto. Providence parecia esperar pela pergunta.

— Perfeitamente. Faz parte do contrato de prestação de serviços que foi assinado por Pierre, o CEO da sua empresa, Otto. Temos tudo previsto e autorizado pelo CEO. E razões claras, estabelecidas por cada um deles como *heads* das companhias, para que vocês estejam aqui. Mas caso algum um de vocês não se sinta à vontade com isso, pode falar imediatamente. Ato contínuo, sua participação no Carrossel estará encerrada, e um carro será providenciado em até uma hora para levá-lo direto ao aeroporto — disparou Providence.

O tom direto e objetivo pegou todos de surpresa. Não havia rispidez, nem alteração em seu tom de voz. Apenas transparência e verdade.

Otto emendou:

— Era só uma pergunta. Desculpe-me.

— Sem problema algum. Acho ótimo que esclareçamos toda e qualquer dúvida. Afinal, vocês foram convidados e trazidos para cá, mas quem decide sobre a permanência e a participação são vocês. Cada um de vocês. Mais alguma pergunta neste momento? — ela indagou.

Silêncio total.

Pronto. Eles estão começando a chegar — pensou Providence.

— Ou seja, existe uma razão muito clara para vocês terem sido convidados, para cada um de vocês estar aqui. Aliás, não uma só. Algumas razões, que passam pela decisão dos seus respectivos CEOs, pelas posições que ocupam, pelo momento de suas empresas e pelo que estão enfrentando em suas vidas pessoais.

Começaram a se olhar. Uns de lado. Outros espiando. Outros, mais reservados, olhando para baixo.

— Convido vocês, então, a meditar sobre essas razões.

— Meditar? Como assim, meditar? — disse Becca, se empertigando na cadeira enquanto sua perna tremelicava de ansiedade.

— Meditar. Isso mesmo. Vamos todos sentar no chão, ali na parte de trás da sala, sobre os tapetes que estão colocados em círculo. Por isso pedi que vestissem roupas confortáveis. Vamos fazer um primeiro exercício de respiração.

— O exercício é sobre as razões para estarmos aqui ou sobre respiração? — perguntou Becca.

— As duas coisas.

Minutos depois, Providence observava a cena. Era tão fácil, mas tão desafiador ao mesmo tempo. Os sete protagonistas estavam sentados no chão à sua volta, formando um círculo. Todos de olhos fechados. Ou quase todos. Ela sabia exatamente quem estava espiando. Pediu para que prestassem atenção à respiração. Inspiração longa, segurando um pouco o ar, expiração longa, tentando manter os pulmões vazios. Simples assim.

Às vezes tinha que se segurar para não cair na risada. Cenhos cerrados, espiadelas para os lados para ver se os demais também estavam com os olhos fechados, ombros contraídos, crises de falta de ar ou de tontura. Alguns com dificuldade em simplesmente sentar no chão.

Conduziu-os com a sua voz, de maneira gentil e serena. Pediu calma, tranquilidade. Chamou a atenção deles para o momento presente, para o simples ato de respirar.

E, cinco minutos depois, até porque não aguentariam mais do que isso, pediu que deixassem a respiração de lado e que pensassem nas razões que os levaram a estarem ali, a participar daquele Carrossel.

Mais cinco minutos. Então pediu que abrissem os olhos e escrevessem as razões em seus diários de bordo.

Quinze minutos para reflexões e anotações.

Um alongamento rápido, todos se espreguiçando. Hora do *coffee break*.

Até aquele momento, ninguém tinha sido apresentado. Providence observava a todos, enquanto bebericava seu café e conversava com Gina sobre o pouco tempo que estariam ali e como ela (pessoalmente) havia combinado com William, o CFO da empresa, a respeito da pausa de Gina, assegurando-a de que a sua ausência não iria prejudicá-la.

Era evidente a facilidade de relacionamento entre Becca e Caroline, talvez por serem da área comercial e de RH. Tony dava a impressão de se esforçar, mas não com a mesma naturalidade dos demais. Otto, Uly e Ed estavam em silêncio, cada um em seu próprio mundo, observando, bebendo café ou esperando o tempo passar.

Após o intervalo, Providence chamou todos e pediu que, um a um, fossem até a frente da sala, e se apresentassem, falando um pouco sobre si, sobre sua carreira e a posição atual nas respectivas empresas e, ao final, apresentassem as razões pelas quais achavam que estavam ali.

Ignorou, de propósito, qualquer pergunta ou tentativa de *feedback* sobre a meditação.

Quando todos terminaram suas apresentações, emendou:

— Bem, não há razões certas ou erradas para vocês estarem aqui, mas pode ser que as razões colocadas agora sejam diferentes das que veremos no decorrer do nosso tempo juntos.

— Mas, além de razões, temos que falar sobre comportamentos. Não tanto sobre os comportamentos de vocês fora daqui, na empresa ou em sua vida pessoal, mas sobre os comportamentos que gostaria de observar durante estes dias.

— Seremos avaliados? — perguntou Tony.

— Não da forma que você está pensando, Tony — disse Providence. — Seremos, sim, *impactados* uns pelos outros, por meio de nossos comportamentos. Desde a forma como nos abrimos para esta experiência até o rigor crítico com que aceitamos os exercícios e as discussões. Vamos trabalhar somente no nível racional e/ou intelectual ou vamos experimentar o lado emocional, experiencial disso tudo? Vamos ser cínicos e céticos ou nos permitir sair da superficialidade e da segurança? Vamos nos revelar mais vulneráveis aqui? Vamos, de fato, tentar criar um Conselho de Protagonistas? Mostrar um pouco mais do que somos e sentimos, e não apenas o que temos ou a posição que ocupamos? Vamos admitir o que tememos, o que não sabemos ou o que temos dificuldade para lidar? — ela completou.

E fez uma pausa, olhando para cada um deles. Notou que Caroline estava emocionada. Não disse nada.

— Estamos falando sobre troca e colaboração, uns com os outros. Com pessoas que acabamos de conhecer, mas com quem podemos aprender, ensinar, crescer. Ou seja, uma oportunidade de pausa, de respiro, de reflexão. Para nossas carreiras e também para nossas vidas pessoais. Oportunidade que podemos abraçar e aproveitar, ou decidir pelo caminho do resguardo, do isolamento, da defesa.

— Para isso, é preciso escolher se fazer presente. Vamos falar mais sobre isso na sequência. Precisamos usar e abusar das anotações em nossos diários de bordo. Não só pelo registro, mas pela expressão e tangibilidade do que estamos sentindo e vivendo.

— Por isso a tecnologia foi confiscada das suas vidas durante este período. Para que possam se permitir estar presentes e dar este tempo para vocês mesmos. Para olhar as suas carreiras, as suas vidas pessoais, as suas escolhas e direções.

— E, para que isso possa acontecer da forma mais completa e profunda, um ingrediente é fundamental: a abertura do espírito. Não somente de quem vocês são como profissionais, mas como seres humanos que têm vidas pessoais, como criaturas que têm coração e não somente cérebro. E que habitam, temporariamente, o planeta Terra. A abertura para o espírito é a atenção para algo maior, a que vou chamar de consciência. Mas não vou adiantar nossa agenda. É hora da nossa pausa para o almoço. Vejo todos de volta em duas horas. Até logo mais, queridos protagonistas.

Quando todos saíram da sala, Providence ficou sozinha, olhando para suas anotações. A relação de razões que ela havia anotado era bem sintética, mas dizia muito sobre cada um deles e também sobre como ninguém tinha ideia do porquê estava ali ou do que viria pela frente.

1. Caroline – desenvolver a resiliência
2. Otto – aprofundar o seu entendimento sobre lean manufacturing

3. Uly – avaliação para eventual transição para a área de RH
4. Becca – produtividade e administração do tempo
5. Tony – avaliação para a posição de gerente de produto
6. Gina – desenvolver mecanismos de controle mais eficazes
7. Ed – "supostamente" trabalhar melhor em equipe.

Providence suspirou profundamente, sorrindo. Era por isso que gostava tanto do que fazia. Jamais voltaria a ser CEO, pois nunca teria tempo para esse tipo de interação e atenção. Sabia que precisava atuar cada vez mais em prol da transformação.

11 | Periscópio

Gina estava verdadeiramente em pânico. Tinha vontade de gritar, de pedir para sair, de parar tudo. Não era somente o desconforto com os temas que Providence havia abordado na última hora e meia, mas principalmente a sensação de perda de controle, aquilo que ela sempre tinha tido sobre sua vida, seu trabalho e sua rotina. Tudo parecia estar escorrendo entre seus dedos. Em primeiro lugar, a sensação clara de que sua posição na empresa estava ameaçada por sua ausência. Em segundo, não tinha sido consultada se queria participar desse tal de Carrossel, foi praticamente intimada. Em terceiro, haviam confiscado seu notebook e seu celular, e em quarto, mas não menos importante, todos os temas tratados por Providence a deixavam muito inquieta, fora de eixo. Estava habituada a viver sob o lema planejamento e controle. Sempre. Mas, desde o início do dia, estava lidando com questões muito estranhas, como meditação, abertura espiritual e consciência.

E agora, ainda por cima, tenho que ficar duas horas inteiras em silêncio?

Providence tinha sido taxativa. Todos deveriam permanecer em silêncio total e absoluto por duas horas. Becca inclusive brincou que esse seria um desafio e tanto para ela, o que Providence prontamente alertou:

— Talvez seja a hora de você falar e brincar menos, e de escutar e perceber mais, Becca.

Providence parecia ter o dom de dizer tudo o que queria, sempre de maneira clara e objetiva, mas nunca ofensiva. Trazia desconforto para o grupo, isso era fato. Mas a intenção era sempre construtiva, como alguém que tem que demolir uma ruína para poder construir algo novo no lugar.

Todos estavam mexidos com o conteúdo do início da tarde. Alguns mais à vontade com os temas abordados, outros quase apavorados. Mas ninguém podia negar que havia algo real no que ela dizia. Alguma coisa ecoava entre todos.

— Na vida atual, estamos quase cem por cento voltados para o mundo externo. Trabalho, trânsito, compromissos, afazeres, vida social. Em qualquer intervalo ou brecha, logo passamos ao isolamento na tecnologia. Pode ser a televisão, o computador ou o celular, com destaque para as redes sociais que nos entretêm por alguns minutos, mas podem nos escravizar por horas. A curiosidade sobre a vida dos outros é logo transformada em comparação com a nossa. Todo mundo parece ter uma existência cheia de emoções, passeios e beleza, enquanto nossa própria vida parece mais suada, sofrida, batalhada — explicou Providence.

— Quase nenhum tempo resta para nós mesmos, para fazer o que realmente queremos ou gostamos. Trabalhamos muito, corremos para cima e para baixo, damos conta de atender a nossa família, os nossos filhos, os nossos maridos e mulheres. Alguns de nós, os amigos também. Mas e o tempo para nós mesmos? Não o tempo para refeições, para higiene ou para dormir, e sim o tempo para olharmos para dentro de nós...

Ela projetou um periscópio na tela.

— Um periscópio possui, giro de 360 graus sobre seu próprio eixo, permitindo olhar em todas as direções. Imagine que todos temos um periscópio interno ainda mais desenvolvido, pois, além do eixo 360, para os lados, ele também pode ser usado para observar acima, abaixo e nas diagonais. Alguns de nós têm periscópios internos lustrados de tão afiados e bem-cuidados. Outros, contam com instrumentos enferrujados ou encaixotados, pouco usados ou escondidos. Mas todo mundo tem o seu periscópio interno. Para que acham que ele serve?

— Para identificar oportunidades? — arriscou Tony.
— Para observar o entorno? — emendou Uly.
— Para olhar para dentro de nós mesmos — disse Caroline.

Todos olharam para ela, surpresos. Providence sorriu e pediu que ela explicasse.

— Não acho que você esteja se referindo ao mundo externo, Providence. Acho que estamos falando do interno, de nossos pensamentos, nossos sentimentos. O periscópio é como um detector interno de emoções, de perguntas que ficam ecoando dentro de nós e para as quais muitas vezes não temos as respostas.

— Muito bem, Caroline. Podemos não ter as respostas, mas não podemos deixar de perceber as perguntas — Providence completou.

— O periscópio é como um farol, uma lanterna. Mas só é percebido quando criamos tempo para percebê-lo. Quanto mais o fazemos, mais presente ele se torna. Já falamos um pouco sobre atenção e presença, que são os elementos-chave do que chamo de consciência.

— A consciência é a habilidade de perceber, de se dar conta do que estamos fazendo. É o sair do modo piloto automático para o de prestar atenção, de verdade, ao que estamos experimentando ou vivendo. Pode acontecer quando estamos escovando os dentes ou comendo um prato de macarrão. Quando estamos observando uma paisagem bonita, que mexe com algo dentro de nós. Ou quando estamos tentando nos concentrar somente na respiração ao nos sentarmos para meditar.

— Para desenvolver a consciência, precisamos de dois ingredientes essenciais: tempo e silêncio. Tempo para nós mesmos, sem interrupções ou distrações. Um tempo só nosso, egoísta, solitário, monopolizador. E silêncio de duas formas: silêncio externo — o que significa sem televisão, celular, computador ou gente em volta — e silêncio interno. Aí entra de novo a meditação como um ritual para tentar acalmar os pensamentos e proporcionar a pausa interna.

— Quando sentamos para meditar, esta manhã, eu não conseguia parar de pensar na corrida que quero fazer no final do dia — disse Otto.

— E quanto mais eu tentava controlar esse pensamento, mais ele tomava conta de mim.

— Isso é muito comum, Otto. É o apego ao pensamento. É o que acontece quando sei que tenho bolo de chocolate na geladeira. Tento como posso não pensar nisso para não o comer, mas a tentação e o impulso ficam voltando e me cutucando o tempo todo — disse Providence. — Todos nós sentimos isso, passamos por isso. Mas precisamos cultivar o hábito de separar um tempo para nós mesmos, para tentar desenvolver a habilidade de reconhecer e não se apegar aos pensamentos, bem como alimentar o silêncio interno. Com isso, nossos periscópios funcionam muito melhor.

Gina olhava para aquelas pessoas e se perguntava o que estava fazendo ali.

Sou eu a louca por estar aqui, ou eles é que são malucos?

Estava muito ansiosa, sentido que uma crise de gastrite podia estar a caminho. Mais do que o desconforto físico, percebia uma sensação de nó em sua garganta e um mal-estar, como se tivesse uma bigorna gelada em seu peito.

— O tempo para nós mesmos e o silêncio interior são as condições climáticas adequadas para uma jornada maravilhosa: a do autoconhecimento. Para me conhecer melhor, para desenvolver meu autoconhecimento, preciso olhar para dentro de mim mesma. Para fazer isso, preciso de tempo e de silêncio. Mas também de prática. Não posso fazer isso uma vez por mês ou quando acho que preciso. Tenho que tentar fazer isso de forma frequente, se possível uma vez por dia. Com isso, passo a entrar em contato com minha voz interior. Aquela voz que dita preocupações, anseios, críticas e responsabilidades sobre meus ombros, mas que também pode me ajudar. Pode ajudar a me conhecer melhor, a me perceber, a me aceitar. Pode me auxiliar a descobrir o que mais quero e o que não quero, o que desejo viver e construir.

— É como uma moeda, que chamo de *moeda do dever*. Um dos lados, o da responsabilidade, mostra o que devo fazer. O outro, o da intuição, mostra o que pode acontecer, o que é melhor para mim. Essa moeda pode ser muito importante para a minha carreira e para a minha vida.

— Por isso precisamos de pausas, de tempo vazio. Para respirar, para podermos nos visitar. Para poder usar o periscópio, bem como lançar a moeda do dever. Os norte-americanos usam o termo *mindfulness*, de difícil tradução para outras línguas. Ser ou estar "mindful" é estar presente ou consciente em relação a si mesmo.

— Sinto isso quando estou cozinhando — disse Uly. — É como se o tempo parasse e toda a minha atenção, todo o meu ser, estivessem integrados àqueles momentos. Minha mulher nem fica mais zangada em ter que me chamar várias vezes, de tão imerso que fico no ritual da cozinha.

— Em momentos como esses, Uly, você sabe exatamente o que é *mindfulness*, o que é conexão com alguma coisa. Meu objetivo é que todos nós consigamos trazer essa mesma consciência para nós e para outras partes de nossas vidas, o maior tempo possível, inclusive no trabalho — complementou Providence.

— No trabalho? — questionou Ed.

— No trabalho também, Ed. Conhece Henry David Thoreau? Ele escreveu uma frase de que gosto muito: "Não é suficiente estar ocupado: assim são as formigas. A pergunta 'É com o que estamos ocupados'?",

Ed fez menção de responder, sentindo-se um pouco ofendido, no mesmo momento em que Providence virou de costas e encerrou a questão:

— Mas não vamos nos adiantar. Daqui a um tempo chegaremos lá.

Gina tremelicava o pé direito embaixo da mesa. Já tinha ido ao banheiro duas vezes, levantado para pegar água e desenhado um relógio em seu diário de bordo. O tempo parecia simplesmente não passar. Ela se debatia entre o pensamento de como poderia ter apresentado melhor o estudo de viabilidade para o CFO da empresa, na semana passada, e do que encontraria em sua caixa de e-mails quando retornasse à vida normal. Foi surpreendida pelo toque de Providence em seu ombro direito.

— Achamos que a vida normal é a vida ansiosa, aquela em que vivemos nos culpando sobre o que fizemos ou deixamos de fazer no passado.

53

Ou aquela vida que ainda não aconteceu, mas que teimamos em sofrer por antecipação. O que pode dar errado? O que vai ser de mim quando isso acontecer? E se não acontecer? — provocou Providence.

— A ansiedade é alimentada pela ditadura do "e se". E se eu tivesse feito diferente? E se eu fizer diferente? E se o meu passado tivesse sido outro? E se o meu futuro não for o que quero? Vivemos ansiosos pelo passado, que já foi, e pelo futuro, que pode, ou não, acontecer. Mas o fato é que não temos controle nenhum sobre nada disso. Não podemos mudar o passado e não podemos controlar totalmente o futuro, mas podemos, e devemos, acalmar nossas mentes para não sermos consumidos pela ansiedade. Temos que nos dar conta de que, internamente, dentro de nós, a tormenta pode reinar absoluta, mas do lado de fora, no mundo real, tudo está tão calmo como sempre esteve. O que passou, passou. E o que virá não chegará mais rápido porque estamos sofrendo por antecipação.

Gina parou de tremer a perna quando Providence tocou em seu joelho, logo depois de parar de falar. Providence olhou para ela de maneira direta, profunda. Desconfortável. Mas havia algo de *sedativo* no jeito da líder do grupo. Em seu jeito de falar, em sua maneira de tocar.

— Temos que prestar atenção ou desenvolver consciência sobre nossos ecossistemas internos.

— Ecossistemas internos? — indagou Becca.

— Isso mesmo. Da mesma maneira que o meio ambiente tem um ecossistema composto de seres vivos, fauna e flora, e um meio que busca o equilíbrio, todos nós temos um ecossistema interno, formado por nossos pensamentos, nossos sentimentos e nossas emoções. Ele é diretamente impactado por nossas ações e reações. Somente podemos colocar esse espaço interno em equilíbrio se prestarmos atenção, considerarmos cada uma de suas partes, reconhecermos suas causas e efeitos. Diariamente, o tempo todo — explicou Providence.

— Albert Einstein disse que "a mente intuitiva é um dom sagrado e a mente racional, um servidor fiel. Criamos uma sociedade que honra o servidor e que se esqueceu do dom". Vejam só: Einstein, considerado o maior físico de todos os tempos, disse que aprendemos a honrar somente o racional e que nos esquecemos de honrar o dom sagrado da intuição.

Edward se mexeu, desconfortável, na cadeira. Uma coisa era ouvir o que Providence acreditava. Outra, bem diferente, era começar a descobrir que talvez, e somente talvez, o que ela falava fizesse parte de uma sabedoria muito maior.

— Voltando para o silêncio como terreno fértil para despertarmos nossa intuição, vamos para o nosso próximo exercício — disse Providence.

Gina olhou para o fundo da sala, procurando os tapetes no chão.

Ai, meu pai. Lá vamos nós sentar no chão e meditar de novo.

— Duas horas. Este é o tempo, sem interrupções, do nosso exercício. As regras são claras. Vocês não podem ir para os seus quartos. Se precisarem usar o banheiro, usem um dos que estão no corredor à direita da saída desta sala. Se quiserem ficar aqui dentro, sentados, a decisão é de vocês. Se quiserem andar pelo jardim do hotel, idem. Mas vocês não podem conversar com ninguém. Não podem falar, não podem se comunicar. De preferência, devem evitar até mesmo olhar nos olhos dos outros. Duas horas inteiras sós, com sua própria companhia, e com o seu diário de bordo no bolso para registrar seus sentimentos, suas reações, seus questionamentos. Quem quiser se sentar e meditar, ótimo. Quem não quiser, ótimo também. Só não vale falar.

— Mas como conseguiremos... — Gina começou a perguntar.

— Lembrem-se: consciência, aplicação prática e consistência. Esses são os três elementos para começarmos a mudar, para começarmos a nos transformar — interrompeu Providence, encerrando aquela parte do encontro.

— Nos encontramos às 4h30 em ponto. Até lá. Boa viagem.

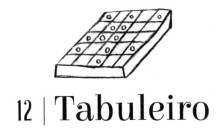

12 | Tabuleiro

Enquanto tomava seu chá, durante o intervalo, Otto ainda permanecia em silêncio. Providence havia encerrado oficialmente as duas horas de silêncio e convidado todos para o *coffee break*. Um a um, ela os chamava para uma devolutiva individual, em outra sala, mais reservada. Estranhamente, em volta da mesa do café, quase todos ainda permaneciam em silêncio. Era como se a dificuldade inicial tivesse se transformado em tranquilidade, ou melhor, em necessidade.

Para Otto, falar pouco e ouvir muito era natural. Estava habituado a isso, esse era o seu jeito em casa, no trabalho, onde quer que fosse. Mas o desenho em seu diário de bordo era, de fato, intrigante. Durante o exercício do silêncio, desenhou um mergulhador, com máscara, cilindros, pés de pato e todo o aparato. À sua volta, peixes, pedras e mais nada. OK, devia ser por causa do silêncio. O exercício tinha sido fácil. Mas o desenho havia mexido com alguma coisa dentro dele. O mergulhador, todo paramentado, carregava um arpão na mão direita. Uma arma.

— Por que o mergulhador? — perguntou Providence em sua devolutiva individual com Otto. — Por que acha que desenhou essa figura durante o exercício?

— Gosto de esportes, de exercício. E sou nadador — disse ele.

— Mas por que o mergulho, com todos esses equipamentos? — ela continuou.

57

— Acho que foi por causa do silêncio, pelo mergulho no silêncio... — ele titubeou.

— Mas e o arpão? Para caçar o quê?

Ele sabia que essa pergunta surgiria.

— Acho que é para me defender, não para caçar.

— Para você se defender? Do quê?

— ...

Percebendo o desconforto dele, Providence emendou.

— O autoconhecimento é um caminho tortuoso, e muitas vezes doloroso, meu caro Otto. Temos que lidar com o que somos, com nossos guias e nossos fantasmas, com o que queremos e o que tememos.

— Não é medo ou temor, Providence. É como se fosse um resguardo, uma defesa. Acho que o meu funcionamento, minha forma reservada de ser é para me proteger. Ouço muito mais do que falo, vejo muito mais do que comento. A verdade é que não quero me expor — ele começou a se abrir.

— Mas se expor a quê? Ou a quem?

— Acho que é por isso que gosto tanto de fazer exercícios. Sei que depende somente de mim, do meu esforço, do meu suor. Corro, nado, levanto pesos. Faço o quanto eu quero, o quanto eu posso. Todos os dias. É uma forma de extravasar.

— Extravasar o quê? — ela provocou, de novo.

— A possibilidade de não ser aceito? — ele arriscou.

— Aceito por quem?

— Pelos outros, por mim mesmo — ele disse, com a voz embargada.

Colocando a mão em seu ombro, Providence viu que ele parecia um menino grande, indefeso.

— Otto, exercícios físicos são ótimos para a saúde física e emocional, até certo ponto. Podem ser um excelente fio terra para aliviar a tensão, mas também uma desculpa para se ocupar, buscando eternamente o cansaço. Uma forma de não parar para olhar para dentro de si mesmo — disse ela.

— Você sabe que tem um dom especial, uma habilidade diferenciada para ouvir as pessoas. Mas para uma construir conexão é preciso que ambas as partes se mostrem, se apresentem. Você não pode apenas ouvir e se resguardar. Não pode se esquivar e não dizer o que acha, o que pensa, o que sente. Você tem que aceitar o que é, tomar responsabilidade por isso e se arriscar. Mostrar para as pessoas, para a sua família, para todos no seu trabalho e em todas as suas relações quem é você, o que pensa, o que sente. E não simplesmente se calar afogando no esporte tudo aquilo que tem receio de demonstrar. Pelo seu próprio bem. E para o de todos com quem você convive.

Ele saiu em silêncio da conversa e reparou os olhos inchados de Gina, que estava num canto da sala da mesa do café. Pelo jeito, a devolutiva dela havia sido tão ou mais profunda do que a dele. Providence tinha uma habilidade estranha — ela tocava em pontos de forma inesperada, mas muito precisa, verdadeira.

Gina estava com os olhos ardendo. Cada gole do chá quente era como um pequeno sopro de conforto interno. Fazia muito tempo que não perdia o controle como perdeu na devolutiva com Providence. Terminadas as duas horas de silêncio, ela estava uma pilha de nervos. Bastou que fechassem a porta da sala reservada para que abrisse as comportas e chorasse suas entranhas para fora. Providence apenas lhe entregava lenços e não falava nada. Ficaram todo o tempo assim. No final, Providence pegou em suas mãos e disse:

— Você precisa olhar para dentro de si mesma e se reconhecer. O mundo externo não pode ser totalmente controlado, mas a forma como o enxergamos e como lidamos com ele muda muito quando usamos a lente interna correta.

Gina não falou nada. Somente abraçou Providence. Tinha começado a entender por que estava ali.

Na sala, com todos reunidos novamente, Providence perguntou:

— E então, como foi o exercício? Difícil ficar em silêncio, a sós com vocês mesmos?

Parecia que todos tinham tomado gosto pelo silêncio. Nenhuma resposta. Mas todos estavam ali, presentes, com ela.

O Carrossel começou a girar.

— O silêncio é muito importante. Precisamos nos lembrar do hábito de criar momentos de silêncio. Momentos só nossos. Para meditarmos, para refletirmos, para planejarmos.

— A partir do silêncio, passo a olhar mais para dentro de mim mesma. Passo a perceber do que gosto e do que não gosto em minha vida atual, o que desejo manter e o que tenho a intenção de modificar.

— Começo a pensar no que desejo construir, no que posso fazer para me tornar mais feliz. Não acho correto esperarmos pela felicidade como algo que vem do mundo exterior. É dentro de nós mesmos que está o terreno a ser explorado para construirmos o que queremos, o que nos faz ou fará felizes, o que desejamos, de fato. Isso vale para o trabalho e para a vida pessoal. É parte do autoconhecimento de que já falamos, mas de forma mais estruturada. Por isso o diário de bordo. Trata-se de uma metáfora, um símbolo para lembrarmos que precisamos parar, avaliar, refletir. E registrar. Fazer um balanço dos pontos positivos e negativos, do que pretendemos manter e do que desejamos mudar. Ao escrever, tornamos essa análise mais real. Pensamos mais antes de escrever. E ao reler o que foi escrito, refletimos ainda mais sobre o teor de verdade do que registramos. Com isso, construímos um mapa, que gosto de chamar de *tabuleiro*.

— Tabuleiro? Como de um jogo? — indagou Uly.

— Isso mesmo, só que, nesse caso, não se trata de um jogo, mas de um trajeto que você começa a construir — disse Providence.

— Você é realmente criativa, Providence! — disse Ed. — carrossel, protagonistas, periscópio, moeda do dever, tabuleiro. No final, vamos receber um dicionário?

Providence entendeu a intenção de Ed. Ele queria desviar o foco da conversa. Talvez por desconforto, talvez por insegurança.

— Se precisar, preparo um para você e entrego no final do nosso Carrossel, Edward. Mas obrigada pelos elogios à minha criatividade. Tenho certeza de que esses nomes, essa terminologia, podem ajudar todos vocês a lembrarem, a aplicarem o que estamos trabalhando aqui em suas vidas e carreiras lá fora.

Caroline sorriu, olhando para Ed, que desviou o olhar. Providence não deixava passar nada.

— Vejam que o processo do autoconhecimento passa pelo livre-arbítrio, pela decisão de fazer isso. Resolvo trilhar esse caminho, decido que vou sair do meu lugar atual, de minha zona de conforto. Alguns chamam isso de protagonismo. Como em uma peça ou filme, somos os atores principais nesse caso. Somos os protagonistas desse enredo. Não apenas no sentido da atuação, da vivência, mas também do que desejamos escrever, da autoria dos próximos capítulos dessa história.

— A partir do silêncio, do autoconhecimento, começamos a mudar, a escrever algo novo. Existe uma frase atribuída a Goethe, e não comprovada como de sua autoria de fato, mas da qual gosto muito. Ela diz que "o que quer que você possa fazer, ou sonhe em fazer, comece. A audácia traz a genialidade, o poder e a mágica consigo". Vejam só: abrir-se para algo novo, decidir partir para um novo caminho, traz genialidade, poder e mágica. A genialidade pode ser entendida pelas ideias, pelos resultados. Os romanos antigos acreditavam que o gênio habitava fora de nós, e que deveríamos nos abrir para ele, para que pudesse nos visitar. O poder é o sentimento de realização, de paternidade, de capacidade de transformação. E a magia...

— O que tem a magia? — perguntou Tony. — Aliás, gostaria muito de saber como você conseguiu chamar minha atenção para o convite que chegaria para o Carrossel. Como você conseguiu colocar a mensagem no espelho do banheiro?

— A magia... bem, a magia é inexplicável — decretou Providence, interrompendo Tony, com um sorriso. — Mas ninguém deve duvidar de que ela é real.

— Todos nós temos um potencial a ser realizado, a ser expressado. Novamente recorro a uma frase de Henry David Thoreau, que diz: "A maioria dos homens vive suas vidas em desespero calado e levam para o túmulo a música ainda dentro de si".

— Cabe a cada um de nós escolher o caminho que quer trilhar: o do piloto automático ou o da consciência? O do autoconhecimento ou o da superficialidade? O do motorista ou o do passageiro na condução de nossos desejos? Vejam que isso vale para a carreira também. Vamos dar chance para o nosso potencial se realizar ou ignorar o chamado e nos submeter a uma vida de desespero calado, permitindo que nossas músicas internas sejam levadas para o túmulo?

Otto estremeceu na cadeira. Essa última parte era diretamente para ele.

— Portanto, precisamos de iniciativa. Nós podemos e devemos escolher o que desejamos ser, o que pretendemos fazer, em quem vamos nos transformar. Isso significa olhar para dentro de nós mesmos e avaliar nossos modelos mentais, nossas crenças, nossas amarras internas. Até que ponto estamos presos a portos seguros, à chamada zona de conforto, simplesmente porque não contestamos o modo como sempre vivemos até agora?

— É por isso que todos neste Carrossel são protagonistas. Cada um de nós é protagonista, não somente deste encontro, deste evento, mas de sua carreira, de sua vida. Com todas as possibilidades de mudança. Possibilidades que trazem responsabilidades e chances.

— As responsabilidades são individuais, de cada um de nós. O que faço, o que decido, o que escolho afeta diretamente meu destino, meu caminho. Para melhor ou para pior. Mas não posso me isentar da consciência de avaliar o que posso e quero mudar. Logicamente que, ao decidir mudar, impacto não só a mim mesma, mas a muitos ao meu redor. Impacto minha família, meus colegas de trabalho. Posso impactar, inclusive, pessoas que nem sequer conheço. Quando resolvo, por exemplo, criar um novo produto ou uma ONG, fechar a minha empresa ou mudar de emprego.

— George Bernard Shaw escreveu "Você vê as coisas e pergunta 'Por quê?', mas eu sonho com coisas que não existem e digo 'Por que não?'".

— Por que não? Vejam que esse é o lado positivo, construtivo da mentalidade do "e se". No lado negativo, está a ansiedade, a antecipação desnecessária. No lado positivo, estão a possibilidade, o novo, o horizonte do desconhecido, que pode ser desbravado. De novo tenho um nome para isso. Gosto de chamar esse instrumento de *Radar*. Um instrumento que não deve ser desligado nunca, pois nos provoca na direção do "por que não?" e constantemente trabalha para detectarmos, avaliarmos e percebermos novas possibilidades. Ou seja, um instrumento que nos sinaliza sobre novas descobertas. Um sinalizador que ecoa uma mensagem muito poderosa: devemos sair da resignação e encarar a possibilidade.

Becca não conseguia parar de anotar. Providence parecia um livro aberto, daqueles que não conseguimos parar de ler, mas seguir sublinhando, marcando, dobrando páginas, para depois voltar, reler e aprender mais.

— Joseph Campbell, um dos maiores, senão o maior especialista em mitologia comparada dos Estados Unidos, criou uma teoria, uma metáfora, baseada em arquétipos, sobre as religiões e a forma humana de viver. Trata-se da *Jornada do Herói*. Para Campbell, todas as grandes histórias, marcantes, épicas e com as quais nos identificamos ou aprendemos muito têm ligação com a jornada do herói. O herói que apreciamos, que saudamos, que admiramos, que aplaudimos. O herói com quem nos identificamos, aquele que queremos ser.

— A jornada do herói, segundo Campbell, tem em média nove etapas.

"A primeira é o chamado para a aventura. Algo que surge, provoca, chama. Pode ser causado por um elemento externo ou alguma sensação interna.

"A segunda etapa é a recusa ao chamado, que pode ser uma decisão pessoal ou algo que acontece e que nos faz ignorar a aventura.

"A terceira etapa é marcada pelo surgimento do guia, do mestre, alguém que aparece em nosso caminho para nos relembrar sobre a jornada ou para nos provocar a iniciar o novo caminho.

"A quarta é o cruzamento da barreira. Como um pórtico ou portal encantado, marca o início formal da nova trajetória, rumo a novos e desconhecidos caminhos.

"A quinta etapa é marcada por testes, pela estrada de provações. Podem ser tentações, dificuldades, percalços ou ameaças, mas elas, de uma forma ou de outra, sempre aparecem no caminho.

"A sexta conta com a chegada dos ajudantes. Seres, entidades, elementos ou eventos que acontecem na jornada e que colaboram, de maneira essencial, para reencontrarmos o rumo e seguirmos adiante.

"A sétima etapa apresenta a apoteose, a ordenação suprema. É marcada pela conquista, pela obtenção do tesouro, pela vitória sobre o que se pretendia.

"A oitava etapa aborda o retorno. O herói, ou protagonista, retorna para o ponto de partida, transformado, modificado. E impacta tudo e todos ao seu redor.

"A nona e última etapa é a da recompensa. Muito maior do que qualquer retorno material, diz respeito à transformação, à realização proporcionada pela trajetória do herói, que, neste momento, está pronto para uma nova jornada."

Becca não se conteve.

— Providence, você pode repetir as etapas novamente? Não consegui anotar todas.

— Não se preocupe, Becca. Você vai ter tudo isso no material que receberão no final do Carrossel. O importante, agora, é você entender o que estou dizendo. A jornada do herói deve ecoar em cada um de vocês, no fundo do coração de vocês meus queridos protagonistas.

Terminada aquela sessão, o herói de Joseph Campbell, o protagonista descrito por Providence quase doía dentro de Otto. Em seu quarto, durante o intervalo para a higiene e um breve descanso, ele olhava para seu desenho do mergulhador e pensava no que escreveria, no que desenharia, nas figuras de revistas que recortaria para o próximo exercício que Providence havia apresentado. Após o jantar, cada um deles faria um cartaz individual com frases, palavras, desenhos e recortes de revistas sobre o tema que ela projetou na tela, antes de encerrar a sessão.

Quem sou eu? O que desejo construir?

Otto fechou os olhos. O traço do seu desenho parecia se mexer, se movimentar na página do seu diário de bordo. O mergulhador estava começando a se mover, a querer desbravar novos horizontes, novos mares, novos oceanos.

13 | Possibilidades

Tony estava terminando seu cartaz. A cada novo recorte ou fotografia colados sentia uma mistura de excitação e nervosismo. Um mix de desejo e culpa. Ou seria ambição e vergonha?

Providence havia pedido para que desenhassem ou colassem imagens que representassem a identidade e a direção de cada um. Ele teve dificuldade em entender claramente o que ela queria dizer com aquelas palavras. Ela explicou:

— Identidade é quem você é, como se enxerga, como se percebe, o que vê no espelho, o que vê dentro de si mesmo.

— Direção é o caminho que quer trilhar, o que deseja construir, qual é o norte almejado para a sua vida e sua carreira.

Olhando para seu cartaz, Tony estava dividido. Por um lado, era muito fácil e confortável representar o que desejava. Um carro esporte, uma moto nova, viagens a lugares paradisíacos. Roupas de grife, bons vinhos, objetos de *design*. Um escritório só dele, com mobiliário de cair o queixo. Tudo isso era o que ele desejava. Boa parte era a razão pela qual trabalhava. Mas como representar o que ele via no espelho, como se percebia, ou o caminho que desejava trilhar e construir? Sentia-se um pouco envergonhado. Não tinha certeza se era por conta da dificuldade ou pelo que via no cartaz: somente conquistas materiais. Era verdade que desejava tudo aquilo, mas era apenas isso? O que mais ele *realmente* queria? O que o fazia levantar da cama todos os dias para trabalhar, além do dinheiro para comprar coisas novas?

— No livro de Lewis Carroll, *Alice no País das Maravilhas*, a menina está diante de um dilema e pergunta para o gato "Poderia me dizer, por favor, que caminho devo tomar para sair daqui?". Ele responde: "Isso depende bastante de onde você quer chegar". Ela diz: "O lugar não importa muito". Ao que o gato finaliza "Então, não importa que caminho você vai tomar" — Providence explicava.

— Já vimos que consciência e autoconhecimento são questões essenciais, mas de certa forma limitadas se não estão associadas a protagonismo e a propósito. O herói de Joseph Campbell nos ensina muito sobre protagonismo. Mas qual o significado de propósito?

— Propósito é causa ou razão. O propósito de minhas ações — disse Becca.

— Muito bem, Becca. A palavra propósito vem do latim *proponere* e significa estabelecer como objetivo. Propôsito é também um sinônimo para resolução, decisão, intenção — explicou Providence.

— Como um herói pode definir sua jornada se não souber a direção a ser seguida? Como o protagonista pode atingir seus objetivos se não souber o caminho até eles? Acredito que o propósito tenha duas dimensões igualmente importantes: a interna, que representa o que quero ser, no que quero me transformar, o que almejo e ao que aspiro; e a dimensão externa, que é a trajetória que devo procurar estabelecer, o caminho que pretendo trilhar.

— Isso se aplica tanto às nossas vidas pessoais como também às nossas carreiras. Que espécie de ser humano quero ser? Quem pretendo me tornar? Quero ser um altruísta, fazer o bem aos outros? Quero me desenvolver espiritualmente? Ou minha prioridade é apenas construir um belo patrimônio para mim e para a minha família? Que tipo de diferença ou legado pretendo deixar no mundo que me cerca?

— E em minha carreira, qual é o norte que persigo? Que tipo de trajetória profissional estou tentando construir? Tenho consciência sobre meus passos profissionais, bem como sobre minhas etapas de crescimento como executivo ou executiva? O que faço hoje me realiza? E, de alguma maneira, está alinhado com onde pretendo estar, com o que pretendo fazer no futuro?

Providence começou a provocar:

— Mas o que me aflige é ver pessoas inertes, passivas, sem ação ou reação, sem senso de direção, esperando que a vida ou as outras pessoas tomem decisões por elas. Por não saberem o que querem, acham que a felicidade está em um novo trabalho, em um emprego melhor, em um carro novo ou numa viagem. São as pequenas e passageiras sensações de excitação que surgem com uma nova conquista material, mas que rapidamente desaparecem.

— E o que dizer das pessoas que vivem para acumular dinheiro para um dia, num futuro distante, poderem aproveitar e usufruir? Quem sabe se terão saúde ainda, ou sequer se estarão vivas? E as pessoas amadas, com quem hoje elas simplesmente não têm tempo de conviver, talvez não estejam mais ao seu lado. As crianças certamente terão crescido. E os maridos, esposas, companheiros, ainda estarão por ali? Estarão vivos? Os relacionamentos sobreviverão a tamanha ausência e tão pouca dedicação?

Caroline suava. Começou a olhar para o aparelho de ar condicionado na parede, para ver se estava realmente funcionando. As palavras de Providence eram como flechas, diretas e certeiras sobre a sua vida atual.

— Todos nós precisamos trabalhar, isso é fato. Mas me pergunto até que ponto nos permitimos ser reféns nas mãos de outras pessoas no trabalho. Acho que as pessoas são *permissivas* em relação à sua liberdade pessoal: cedem para a promoção ou o aumento futuro, ou então para o chefe atual, o poder de determinar sua felicidade e tranquilidade. E entram nesse torpor, na tal sequência interminável de segundas-feiras, em que o excesso de trabalho e a falta de reflexão dominam a rotina, as semanas, os meses, os anos.

— Só que o tempo passa rápido, e logo nos vemos com quarenta e muitos ou cinquenta anos, pensando sobre nossas medidas de vida, de existência, sobre que diferença estamos fazendo no mundo, sobre o significado de nossas escolhas.

— Para não analisar nossas direções e trajetórias, nos escondemos por trás de inúmeras desculpas: a falta de tempo, as obrigações financeiras ou a competitividade do meio em que vivemos. Entretanto, mais cedo ou mais tarde, a necessidade de fazer um balanço chega, junto com o pânico da possibilidade de ser tarde demais.

Tony levantou-se para pegar um café. Ficou no fundo da sala depois de se espreguiçar, andando de um lado para o outro, olhando para Providence e para todos os colegas protagonistas sentados. Pensava em seu cartaz e no que ela acabara de dizer.

— Providence, me sinto como se estivesse *vendado*... — colocou para fora, sem conseguir se conter. — Não tenho clareza sobre o que desejo e sinto vergonha do meu cartaz do nosso último exercício depois de ouvir você falar.

Todos olharam para trás, curiosos. Ed parecia espantado com a falta de postura de Tony, com quem já conversara um pouco nos intervalos, e um dos únicos com quem parecia ter algo em comum em relação ao estilo de vida e às aspirações.

— Parece que estou sempre pautado pelo que tenho ou vou comprar, pelos projetos que entreguei no trabalho ou a promoção que quero conquistar. Faço isso tudo de forma automática. Sem pensar ou refletir de verdade — completou Tony.

Ele pediu autorização e apresentou seu cartaz aos demais, em tom de desabafo. Mostrou o que desejava. Mais do que isso, não teve receio de expor quem era e como parecia insatisfeito com isso.

Providence agradeceu e estimulou todos a compartilharem seus pensamentos e dúvidas com o grupo sempre que quisessem. E continuou:

— Este é o primeiro passo, Tony. Perceber que você não sabe. Que ainda não sabe. Ou que sabe, mas não de maneira consciente. Vou usar um trecho de Joseph Campbell, de novo. Ele escreve que:

Você está sempre sendo chamado para o reino da aventura, do desconhecido, um chamado para novos horizontes. Em cada um deles, há sempre o mesmo problema: me atrevo? E então, se você se atreve, os perigos estão ali, bem como a ajuda, assim como a realização ou o fiasco. Há sempre a possibilidade do fiasco. Mas há também a possibilidade da conquista, da felicidade....

— O chamado pode ser interno. Mas para percebê-lo, precisamos entrar em contato com nós mesmos. Precisamos descer da chamada *esteira corporativa* e refletir sobre como estamos nos sentindo, sobre o que desejamos, sobre nossas direções de carreira e de vida.

— Devemos, inclusive, ir além da reflexão sobre a identidade e a direção. Temos que tentar sonhar, idealizar, pensar em onde queremos estar daqui a muitos anos. Por exemplo, quem pretendemos encontrar no espelho com, digamos, 65 anos de idade? Com que nível de consciência? Qual o tipo de legado? Ao olharmos para trás, qual trajetória queremos enxergar como o caminho efetivamente trilhado?

O silêncio era total. Todos, até mesmo Ed, estavam com ela, absortos em suas palavras, mas também no reflexo de suas próprias vidas e carreiras. Providence parou de falar e pediu que fechassem os olhos. Becca chorava, Gina também. Otto enxugava as lágrimas, tentando esconder a emoção.

Providence não queria nenhum tipo de catarse. Não acreditava em tornados que apareciam e sumiam com a mesma velocidade. Queria construir uma nova estrutura, mais presente e muito sólida. Pediu que fechassem os olhos e respirassem. E tentassem pensar, por dez minutos, no que gostariam de encontrar no espelho aos 65 anos de idade, em aproximadamente vinte anos. E que registrassem nos diários de bordo o que quisessem, se quisessem.

Passados não dez, mas quarenta minutos, em uma extensão do tempo pedida por eles, que escreviam em seus diários como adolescentes de 15 anos, Providence retomou a dinâmica logo após uma pausa para o banheiro e um chá rápido:

— O jesuíta Anthony de Mello contava uma parábola que gosto muito, sobre um grupo de turistas que está sentado dentro de um ônibus, passeando por paisagens maravilhosas, lagos e montanhas, rios e campos verdes. Mas todas as cortinas do ônibus estão fechadas. As pessoas não têm ideia do que se passa fora das janelas. Todo o tempo da jornada é gasto com discussões sobre quem vai sentar no lugar mais importante do ônibus, quem vai ser aplaudido, quem vai ser considerado. E assim permanecem, até o fim da jornada.

— Quais são os motivadores principais, as prioridades das suas vidas e carreiras? Vocês buscam *status* e reconhecimento? Uma promoção? Dinheiro e conquistas materiais? Ou união e proximidade com quem amam? Almejam a maturidade e a paz de espírito? A felicidade e, quem sabe, a tentativa de fazer alguma diferença neste mundo?

— E o que estão fazendo para tentar construir esse caminho? O que têm feito, nos últimos anos, para se colocarem na direção desse propósito?

— Mais uma vez, recorro a George Bernard Shaw, que disse que "você imagina o que deseja; aspira ao que imagina; e enfim, cria ao que aspira". Ou seja, precisamos parar e refletir para reconhecer o que desejamos de verdade. Para mentalizar e vibrar nessa direção. Para agir em consonância ao que aspiramos. Para podermos criar ou viver o que desejamos.

— Shakespeare disse que "sabemos o que somos, não o que podemos nos tornar." Entendo a frase dele como um manifesto sobre a possibilidade de fazermos as coisas acontecerem. De sermos protagonistas, de fato, das nossas trajetórias, de forma consciente e libertadora. De podermos decidir o que queremos e o que não queremos ser. E de termos sempre em mente a direção almejada.

Erguendo o tom de voz, Providence projetou algumas perguntas na tela e concluiu:

— Qual é o seu sonho? O que você quer construir? O que você faria se ganhasse na loteria? O que faria a partir de agora se dinheiro não fosse mais uma preocupação? Com que seriedade e determinação você perseguiria seu propósito se não precisasse mais trabalhar para se sustentar? Com o que você ocuparia o tempo que lhe resta? Para quê? Para quem?

Encerrou a sessão pedindo que todos respondessem às perguntas em seus diários de bordo. Na saída, ao dar boa-noite e um abraço em cada um deles, entregou uma folha com uma pequena história, extraída do livro *A Quinta Disciplina*, de Peter Senge. Pediu a que lessem em seus quartos.

> *Há muitos anos, num seminário de liderança, um cidadão jamaicano do Banco Mundial chamado Fred contou uma história muito marcante.*
>
> *Ele havia sido diagnosticado com uma doença terminal. Depois de consultar diversos médicos, sempre com o mesmo diagnóstico, passou pelo processo comum a todos os que já viveram tal situação. Por algumas semanas, entrou em negação. Mas, gradativamente, com a ajuda de amigos, ele foi se dando conta de que tinha apenas alguns poucos meses de vida.*
>
> *"Uma coisa maravilhosa aconteceu", ele disse. "Eu simplesmente parei de fazer qualquer coisa que não fosse essencial, que não importasse. Comecei a trabalhar em projetos com crianças, algo que sempre quis fazer. Parei de discutir com a minha mãe. Quando alguém me fechava no trânsito ou alguma coisa desagradável acontecia e que antes teria me deixado muito chateado, não deixava me afetar. Eu simplesmente não tinha o tempo para desperdiçar com qualquer uma daquelas coisas."*
>
> *Ao final daquele período, Fred iniciou um relacionamento especial. Sua nova namorada insistiu para que ele buscasse outras opiniões sobrea sua doença e seu estado geral. Ele acabou se consultando com alguns médicos nos Estados Unidos e, logo depois, recebeu uma ligação importante: "Temos um diagnóstico diferente". O médico lhe disse que ele tinha um tipo raro de doença, mas curável.*
>
> *Então veio a parte da história que jamais vou esquecer. Fred disse "Quando escutei essas palavras do médico pelo telefone, chorei como um bebê... porque eu tinha medo de que minha vida voltasse ao que era antes...".*

O dia tinha sido longo, mas muito proveitoso. Providence só pensava em tirar os sapatos e tomar um bom banho. Chegou ao seu quarto, ficou procurando o cartão magnético para abrir a porta. Tinha sempre a mania de não saber onde o tinha colocado. Depois de revirar a bolsa, na segunda leva de inspeção, achou o cartão no bolso interno de seu casaco.

Abriu a porta e acendeu as luzes. Quando estava para fechar a porta, viu uma folha de papel no chão.

Fechou a porta, sentou-se na cama e colocou os óculos.

Imediatamente se emocionou.

Em suas mãos, o desenho de uma estrada, com algumas árvores e um sol no fim do caminho. Nenhum carro de luxo, nenhuma fotografia com objetos, nada de posses materiais. Somente um traço, quase infantil, mas muito verdadeiro.

No rodapé, um bilhete curto:

"Providence, obrigado por ser muito mais que uma ajudante ou guia na reflexão da minha jornada. Obrigado por acreditar.

Tony"

14 | Ingredientes

Becca se segurava para não cair na gargalhada. Seu cabelo, todo sujo de farinha, e sua roupa, com algumas partes imundas e outras grudentas. Uly olhava para ela e quase não conseguia se conter.

— OK, OK, pessoal. Podem soltar o riso. Pausa de dez minutos para a Becca trocar de roupa e todo mundo se recompor — disse Providence.

Todos caíram na gargalhada. Becca chorava de rir, se apoiando em Gina e Caroline. Os homens também sorriam, enquanto Uly apenas balançava a cabeça, como que dizendo "Não posso acreditar!".

A surpresa começou quando todos levantaram e se aprontaram para o café da manhã. Tal como no dia anterior, mas dessa vez ainda mais cedo, música nos corredores, toques suaves nas portas, quinze minutos para se encontrarem para o desjejum.

Ao chegarem no salão do café, não havia comida. Somente uma das pessoas do *staff* de Providence, que pedia para que todos fossem para a cozinha.

Com todos presentes, Providence anunciou:

— Estes são os ingredientes do café da manhã. Vocês têm trinta minutos para se organizar, preparar e comer. Não se preocupem com a louça suja. E Uly, você está proibido de se envolver com o preparo. Sua tarefa é observar e depois ajudar a servir. Bom apetite e divirtam-se.

E os deixou sozinhos.

A bancada da cozinha tinha um bom sortimento de ingredientes: azeite, açúcar, sal, fermento, pimenta, ovos, presunto, queijo, pó de café, frutas frescas.

Todos tentaram preparar o seu café ao mesmo tempo. Parecia uma guerra. Ou um festival de esbarrões e pedidos de desculpas.

Otto descascava algumas frutas, Gina tentava se entender com o coador de café, Ed pegou algumas fatias de presunto e queijo.

Becca tinha monopolizado a farinha, alguns ovos, sal e azeite, pois queria tentar fazer a receita das panquecas da sua mãe. Quando Tony esbarrou em Becca, ela derrubou o pacote no chão, fazendo que uma nuvem de farinha se espalhasse por ela e por todo o ambiente. Todos começaram a rir.

Foi Otto quem tomou a dianteira:

— Pessoal, sugiro que nos organizemos em times. Eu e Becca cuidamos das panquecas, Gina e Tony assumem o café, as frutas e o suco, Ed e Caroline cuidam dos omeletes. Dez minutos para cada time preparar a sua parte. Em mais dez comemos e terminamos a tarefa. Sem nos matar de fome ou uns aos outros.

Todos concordaram, enquanto Uly preparava a mesa, a louça, os copos e os talheres.

Quase sessenta minutos depois, já computados os dez de pausa para Becca se trocar, estavam todos os protagonistas sentados para o início do segundo dia do Carrossel, enquanto Providence começava:

— Até agora, falamos muito sobre cada um de nós como indivíduos, como seres humanos, executivos ou executivas. Mas de maneira pessoal, isolada. Como eu, Providence, eu Tony, ou eu Caroline me sinto? O quanto me conheço, me percebo? O quanto tenho de iniciativa? Qual o grau de conhecimento sobre minha direção de carreira e vida?

— Todo esse processo é, sem dúvida, individual. Mas não solitário. Sempre teremos outras pessoas em nosso caminho. Pais, filhos, maridos, esposas, companheiros, amigos, chefes, clientes, colegas de trabalho. Pessoas de quem gostamos muito, outras com quem temos dificuldade para nos relacionar. O fato é que temos que aprender a conviver com o outro de alguma maneira. Se buscamos a sintonia interna pelo caminho do autoconhecimento devemos também prestar atenção na forma como interagimos com os outros. Isso vale tanto pelo impacto em nós mesmos como pelo que causamos aos outros.

— O exercício do café da manhã de hoje foi uma clara demonstração do quanto isso é importante. O caos se instaura quando todos tentam fazer tudo ao mesmo tempo, sem acordos prévios ou combinados. O que aconteceu hoje cedo representa um pouco a importância de se comunicar, de construir alianças com os outros, sejam eles nossa família, colegas de trabalho ou pessoas com as quais estamos convivendo, mesmo que de maneira temporária. Interagimos com pessoas diferentes o tempo todo, mas cabe a cada um de nós escolher o grau de qualidade com que fazemos isso.

— Em um de seus livros, Annette Simmons escreveu uma passagem muito interessante sobre a dinâmica dos relacionamentos entre as pessoas. Ela conta que "no céu e no inferno, as pessoas sentam-se em mesas enormes com banquetes, todos segurando garfos gigantes de dois metros de comprimento. No inferno, todo mundo morre de fome. No céu, uns alimentam os outros."

— Vejam que, novamente, o livre-arbítrio entra na equação, mas de forma combinada com o de outra pessoa. Vamos escolher um acordo mútuo no qual nossos garfos enormes alimentam uns aos outros, ou optamos por uma batalha medieval em que os garfos viram armas de ataque ou defesa? Isso vale para nossas relações pessoais e também para a forma que escolhemos interagir com outras pessoas no trabalho.

— Interagir com o outro começa com respeito, observação e escuta, antes que qualquer palavra saia da sua boca. São Bernardo dizia que "Se você quer enxergar, ouça. Ouvir é um passo importante para a visão." A frase dele traz muita verdade, pois, se quero, de maneira genuína, verdadeira, me comunicar com outra pessoa, preciso aprender a observar, a prestar atenção, a escutar.

— Mas hoje em dia, com o excesso de informações e a escassez de tempo, quase nunca escutamos os outros sem que, ao mesmo tempo, já estejamos pensando no que nós mesmos vamos dizer ou argumentar. Nancy Kline, em seu livro *Time to Think*, coloca isso de forma contundente. Ela diz que "achamos que escutamos, mas terminamos as frases uns dos outros, murmuramos ao mesmo tempo, interrompemos, julgamos, preenchemos as pausas com nossas próprias histórias, olhamos para nossos relógios, suspiramos, mudamos a expressão, tamborilamos os dedos, olhamos para o lado, para quem está passando, checamos o celular ou o computador".

Edward parou de brincar com seu lápis, envergonhado. Fechou seu diário de bordo, com alguns esboços e rabiscos. Providence olhou para ele:

— Bom dia, Edward. Que bom que você está conosco agora.

Becca estava emocionada. Seu peito doía de saudade e de arrependimento. Providence havia tocado em uma ferida profunda. Parecia que tinha sido no dia anterior. Havia quase dois anos, Louise, sua filha, tinha feito uma composição especial para a mãe na aula de música. Quando Becca chegou em casa, direto do aeroporto, Louise estava a postos, pronta para cantar para ela e quase não conseguia ficar parada de tão excitada. Marlene pediu que Becca deixasse a bolsa e a mala ali mesmo. A filha estava com saudades e queria demonstrar para a mãe o seu amor. Becca sentou no sofá. Louise começou a cantar, mexendo os braços e olhando para a mãe, que parecia assistir a um filme de cinema mudo, pois tudo o que conseguia pensar era na contraproposta de renovação do maior cliente da região dois, que certamente daria muita dor de cabeça para ser aprovada. Passados alguns minutos, Marlene cutucou o braço de Becca com o cotovelo, para que Louise recebesse os merecidos aplausos. Becca não tinha ouvido quase nada. Ao abraçar a filha, só rezava para que ela não tivesse percebido a sua falta de atenção.

— Para conseguirmos escutar o outro de verdade, precisamos de consciência. O mesmo tipo de atenção e percepção que já falamos ser necessária para o nosso autoconhecimento, para a escuta a nós mesmos. Mas, neste caso, voltada para o outro. Até que ponto conseguimos fazer isso? De novo, recorro a uma história, desta vez uma parábola Zen. Vamos ler juntos — disse Providence, enquanto projetava o texto na tela.

Nan-in, um mestre japonês durante a Era Meiji (1868-1912), recebeu o professor de uma universidade que lhe procurou para perguntar sobre a perspectiva Zen.

Nan-in serviu chá.

Encheu a xícara do visitante e continuou a servir, sem parar.

O professor, vendo a xícara transbordar, não conseguiu se conter: "Está transbordando. Não há mais espaço!"

"Como esta xícara", disse Nan-in, "você está repleto de suas opiniões e especulações. Como posso lhe mostrar sobre a perspectiva Zen sem que você antes esvazie sua xícara?"

Gina sentia como se Providence estivesse levantando um colete de chumbo dos seus ombros. Talvez ela não precisasse controlar ou saber de tudo, sempre. Talvez pudesse tentar ser menos dura consigo mesma. Talvez pudesse tentar esvaziar a sua xícara e aprender mais. Respirou profundamente, enquanto desenhava uma xícara em seu diário de bordo.

Providence continuava:

— Percebam que a metáfora da xícara vazia vale para as nossas relações pessoais e também para a forma como trabalhamos com os outros no ambiente profissional. Estou realmente interessada em conhecer o ponto de vista da outra pessoa, em avaliar e aceitar uma perspectiva diferente da minha? Ou estou apenas querendo que a minha opinião ou minhas ideias sejam reconhecidas e valorizadas? Que somente o que eu penso e sinto seja considerado prioridade?

Becca tinha dificuldade em lidar com ideias diferentes das suas. Sabia controlar seu impulso de domínio quando estava com clientes ou *prospects*, afinal trabalhava na área comercial e sabia a importância de valorizar o cliente. Mas com sua equipe o desafio era muito maior. O excesso de coisas para fazer, as demandas incessantes, a distância e as viagens frequentes faziam que não tivesse muita paciência, ou mesmo vontade, de verdadeiramente considerar a opinião de algumas pessoas do seu time. Acreditava que os resultados falavam mais alto, apesar de alguns *feedbacks* recebidos a respeito. Era como se Providence estivesse falando diretamente para ela. Como um par de luvas perfeito para suas mãos.

Providence parecia adivinhar os pensamentos de Becca, e disparou:

— Existe uma grande diferença entre ser um chefe exigente e um líder próximo. Os norte-americanos usam os temos *hard boss* e *soft leader*. O chefe deve ser exigente, deve instruir, almejar o melhor, cobrar resultados. Mas de que forma? Com que tom? Aí entra o líder próximo, o líder *coach*, que ouve, apoia, orienta, que se preocupa de fato não só com os resultados, mas também com as pessoas.

— Lao Tzu escreveu que "o pior líder é aquele que as pessoas desprezam, o bom líder é aquele que as pessoas reconhecem, mas o grande líder é aquele que faz as pessoas dizerem: NÓS fizemos".

Becca fazia uma lista de tudo o que pretendia fazer na volta, começando por Louise e Marlene. A palavra *agradecimento* estava sublinhada, junto com *demonstração*. Pensando em seu time de trabalho ela escreveu, em letras maiúsculas, as palavras *escuta ativa*, *espaço* e *reconhecimento*.

— Então, eu pergunto — continuou Providence — o quanto queremos, de fato, trilhar essa jornada de autoconhecimento, bem como de nossa interação e transformação com os outros? Qual o impacto que desejamos ser e causar nas outras pessoas, em nossas famílias, nos amigos e no trabalho?

Caroline praticamente rezava para que Providence não parasse. Era como se Providence estivesse falando de uma verdade universal, presente na vida de todos eles. Sentia isso como ser humano, pois muito da sua vida pessoal se encaixava em tudo o que era dito, e também como profissional de RH. A eterna dificuldade de não deixar que a sobrecarga das demandas se torne mais importante do que as pessoas.

Ao projetar na tela a última frase daquela sessão, antes de convidá-los para um passeio, Providence encerrou, dizendo:

— Que tipo de ingredientes escolhemos usar para nos relacionar com os outros? Escuta genuína ou protocolar? Intuição ou razão? Humildade ou soberba? Colaboração ou separação? Boa vontade ou desrespeito? Interesse ou ignorância? E até que ponto somos responsáveis pela forma como somos tratados?

Na tela, no centro da parede da sala, lia-se uma frase do Talmude: "Não vemos as coisas como elas são. Vemos as coisas como nós somos."

Após um minuto de silêncio, Providence concluiu:

— As respostas são individuais, e sugiro que usem o seu diário de bordo, como alguns já estão fazendo agora. Vamos ter mais cinco minutos aqui na sala, para quem quiser. Depois, daqui a dez minutos nos encontraremos no saguão do hotel para uma sessão externa. Por favor, não se atrasem. Levem seus casacos e a bolsa que cada um recebeu no próprio quarto, com repelente e protetor solar. Até já.

As risadas do início da manhã tinham se transformado em silêncio, em reflexão. O fermento se juntava à farinha. A massa estava quase pronta para ser levada ao forno. Faltavam, ainda, mais alguns toques mágicos da receita especial de Providence.

15 | Observação

Os carros encaravam a trilha com vontade. Três jipes *off-road*, 4 x 4, se embrenhavam no meio da mata. Providence seguia no banco do passageiro do primeiro carro, dando as instruções ao motorista. O dia estava bonito, ensolarado, com a temperatura perfeita do início de outono.

Todos olhavam pelas janelas, em silêncio. Talvez pela beleza da floresta em uma trilha em que não passava viva alma. Ou talvez por lembrarem da história do grupo de turistas que perdeu a beleza da jornada por ficar discutindo sobre o irrelevante.

Ed estava impressionado. Providence era cirúrgica e muito convincente. Realmente conhecia sobre o mundo corporativo e sobre as pessoas. Ele tinha vindo quase por obrigação. Chegou fechado, superior, racional, julgando tudo e todos. Mas bastaram algumas horas na sala com aquelas pessoas, e ele começou a se sentir diferente. Tentava manter o crivo racional, mas muito do que tinha acontecido no primeiro dia já tinha criado nele um impacto profundo. Olhando pela janela, ficou se lembrando do sonho da noite anterior. Ele estava agachado na beira de um precipício e segurava em suas mãos Providence e todos os demais protagonistas, como que em uma corda humana. A decisão de puxá-los e salvá-los ou de soltá-los era dele. Ele tinha o poder. Poderia encerrar aquilo tudo se abrisse suas mãos. Era só fechar os olhos, largar todos, levantar-se e ir embora. Mas alguma coisa dentro dele falava mais alto. E, de repente, ele começou a fazer toda a força possível. Antes do solavanco, sabia o que iria acontecer, mas mesmo assim foi em frente. Deu um puxão forte em todos, fazendo que voassem para cima e pousassem na beira do precipício. Mas ao fazer isso, perdeu o equilíbrio e caiu. Escolheu salvar a todos e cair. Acordou ensopado de suor, com taquicardia. Ficou procurando pelo descaso que o acompanhou quando chegou ao Carrossel. Levantou-se e foi para o banho, para não se atrasar, sem nenhuma resposta.

As árvores passavam rapidamente pelas janelas. Morro acima, a pressão nos ouvidos começava a ser sentida. Vinte minutos depois, os carros pararam em uma clareira. Providence desceu, e todos se reuniram à sua volta. Não se ouvia mais nada além do canto dos pássaros.

— Vamos caminhar por dez minutos, aproximadamente. Ficaremos o restante da manhã nesta região, e o almoço será servido aqui mesmo. Por favor, passem repelente e protetor solar em até cinco minutos — Providence orientou.

Começaram a caminhar em uma fila indiana. Gina teve o impulso de ficar logo atrás de Providence, que guiava o grupo, mas lembrou-se da importância de tentar esvaziar a sua xícara e ficou por último na fila, apesar da sua pouca intimidade com a natureza.

Caminharam em silêncio, respirando e admirando a floresta. Depois de um tempo, Providence parou e indicou:

— Ali à frente termina esta parte com árvores. Vamos andar mais uns 100 metros no descampado, até aquela tenda branca, estão vendo?

Ao chegarem perto da tenda, oito cadeiras de tecido branco formavam um círculo. A tenda era grande, oferecendo uma sombra preciosa. Havia uma mesa de apoio com água, sucos, frutas e bolachas.

O mais impressionante era a vista. A menos de 30 metros deles, um vale gigantesco se abria perante seus olhos. Duas montanhas enormes competiam em grandiosidade. O silêncio era pleno. Ninguém conseguia falar. Somente contemplar.

Caroline inspirava profundamente aquele ar puro, como se tentasse absorver um pedaço da paisagem para dentro de si. A paz que sentia naquele lugar parecia importada de outro planeta. Pensou rapidamente na sua vida, no seu trabalho e no enorme contraste que era estar ali naquele momento.

Providence convidou todos para se sentarem no círculo de cadeiras. A brisa era leve, suave. Parecia que ela tinha encomendado todos os detalhes.

— Nada melhor do que a natureza para nos fazer entender o significado da presença, de estar presente. Todas as vezes que venho a este lugar me dou conta novamente do meu tamanho em relação ao mundo e de como meus problemas são pequenos e passageiros quando confrontados com a magnitude deste planeta.

— Os índios que habitavam esta região diziam que aquelas duas montanhas foram criadas pela força dos deuses para que todos os habitantes da Terra pudessem sempre se lembrar das duas faces da nossa existência: o dia e a noite, o bem e o mal, o pai e a mãe, a vida e a morte.

Nem precisou pedir para que os diários de bordo fossem usados. Todos, sem exceção, tomavam notas.

— Olhar para esta paisagem me ajuda a refletir sobre isso tudo, sobre os contrastes da vida que todos levamos na cidade, sobre a correria, o trânsito, o estresse e a falta de tempo. Enquanto vivemos do lado de lá como formigas em pane, esta paisagem está sempre aqui, magnífica, grandiosa, como que parada no tempo.

— Enquanto discutimos e brigamos, argumentamos sobre quem tem razão ou defendemos nossos direitos ou nossos lugares na fila, tudo isto segue aqui, neste ritmo que sentimos agora. Enquanto falamos no celular sem parar, checamos e-mails e mensagens como *junkies* digitais, a verdadeira conexão nos aguarda aqui, de braços abertos.

— Li em algum lugar uma frase que me marcou muito. "O olho não pode observar a si mesmo." Não temos como perceber a vida que levamos, o ritmo que nos impomos, se não nos permitirmos momentos como este, em que o contraste de velocidades fica evidente, em que entendemos que, para nos observar, para que nossos olhos consigam enxergar, temos que nos voltar para dentro de nós mesmos e contemplar. O mesmo tipo de contemplação que sentimos agora, ao olharmos para estas montanhas, para este vale. É esta a conexão que devemos buscar com o nosso interior.

Caroline chorava. Não soluçava nem emitia sons, mas sentia como se uma cachoeira estivesse brotando de seus olhos. A conexão descrita por Providence estava ali, era real, bem como o contraste com a vida e a rotina que levava. Pensou em Peter, seu marido, e nas crianças. Ficou ainda mais emocionada, pois era como se eles estivessem ali com ela. A conexão era real, independente da distância física.

Providence continuava:

— Vou ler para vocês mais um trecho do padre Anthony de Mello, que tem muito a ver com o que estamos experimentando agora, neste lugar.

Lembre do tipo de sensação que você sente quando alguém te elogia, quando você é aprovado, aceito, aplaudido. Agora compare isso ao tipo de sentimento que surge quando contempla o nascer ou o pôr do sol, ou a natureza de forma geral, ou quando você lê um livro ou assiste a um filme que realmente aprecia. Lembre desta sensação e compare com a outra, a de ser aplaudido.

Entenda que o primeiro tipo de sensação vem da autoglorificação, da autopromoção. Trata-se de um sentimento terreno. A segunda sensação vem da autorrealização, do autopreenchimento, um sentimento da alma.

Agora, um novo contraste: lembre do tipo de sensação que você teve quando obteve sucesso, quando chegou lá, quando venceu um jogo, uma aposta ou uma discussão. Agora compare isso com o tipo de sentimento que você experimenta quando realmente gosta do que faz no seu trabalho, quando se sente absorto em uma atividade, quando se sente conectado com o que faz. Novamente, perceba a diferença da qualidade entre o sentimento terreno e o da alma.

Ainda mais um contraste: lembre do que sentiu quando teve poder, quando foi o chefe, quando as pessoas olhavam para você com autori-

dade, lhe respeitavam e obedeciam, ou quando você se sentiu popular. Compare esse sentimento com a sensação de intimidade, companheirismo, as vezes em que você apreciou completamente a companhia de um amigo, de um grupo de pessoas em que havia diversão e risadas.

Ao fazer isso, procure entender a verdadeira natureza de sentimentos terrenos como a autopromoção e a autoglorificação. Eles não são naturais, foram inventados pela sociedade para fazê-lo produtivo e controlável. Estes sentimentos não produzem os nutrientes e a felicidade obtidos pela contemplação da natureza, o apreço pela companhia de um amigo ou a realização pelo trabalho. Os sentimentos terrenos foram criados para produzir emoções passageiras, excitação e o vazio.

Agora observe a si mesmo ao longo de um dia ou de uma semana e pense em quantas de suas ações, em quantas de suas atividades são descontaminadas pelo desejo destas emoções, desta excitação que gera somente o vazio, pela busca por atenção, aprovação, fama, popularidade, sucesso ou poder. Observe também as pessoas à sua volta. Há alguém que não está viciado nestes sentimentos terrenos? Alguém não controlado por estas sensações, que não as busca, almeja e gasta cada minuto de sua vida acordada conscientemente ou não procurando este tipo de sentimento? Quando você percebe isso, pode entender como as pessoas tentam ganhar e conquistar o mundo e, neste processo, perdem suas almas.

— Vejam que ele escreve sobre o que é relevante, o que importa de fato. Não do transitório, do terreno, mas do que efetivamente nos conecta com nós mesmos, uns com os outros e com o planeta. Com o significado de nossa existência — emendou Providence.

Uly pensava na sopa de letrinhas e na integração de Providence com aquele lugar. Havia alguma coisa, quase mágica, na forma como ela conduzia seu trabalho, em como ela trazia temas que ecoavam dentro dele e dos outros como partes de algo maior, como fragmentos de um todo.

— Somos parte de uma grande teia, uma matriz de conexões — disse Providence, novamente parecendo engatar no pensamento de

87

um deles. — Essa grande conexão é o que sentimos quando estamos em paz com nós mesmos, quando sentimos amor por nossa família ou alguém importante em nossa vida, quando temos conversas ou interações de significado com outras pessoas, ou quando visitamos um lugar como este, com nossas antenas de consciência propriamente ajustadas para a experiência.

— Porque o desafio, hoje em dia, é realmente estar presente no lugar onde nos encontramos, e não presos no passado ou antecipando o futuro, ou então conectados ao celular como criaturas com coleiras eletrônicas, sem nunca presenciar, de verdade, o que está acontecendo ao nosso redor. A conexão interna fica quase perdida. Chega a ser difícil de respirar, de verdade.

— Mas temos que nos dar conta da passagem do tempo. Tudo passa muito rápido, nós mesmos estamos passando rápido. As semanas voam como se fossem dias, os meses voam sem que consigamos perceber. Mais um Natal, mais um novo ano, que logo vai terminar. E o que estamos fazendo com este tempo, finito, precioso, passageiro? Quais as escolhas conscientes que estamos fazendo, ou que deveríamos fazer, para justificar nossa existência, ainda que breve, neste planeta? Os budistas usam o termo *impermanência*. Todos nós vamos passar. Muitas gerações já existiram, muitas virão, e estas montanhas estarão aí por muito mais tempo do que o que conseguimos conceber para tentar nos ensinar sobre a dualidade da vida. Sendo que, talvez a dualidade mais importante esteja diante de nós todos os dias: *o tempo e nossas escolhas*.

Otto pensava nas corridas, nas braçadas, na luta contra o tempo para conseguir encaixar seus exercícios no meio da rotina. Em como tudo aquilo parecia irrelevante agora, em como se sentia conectado, em paz, sentado naquela cadeira, sem qualquer ímpeto de se mexer, de se exercitar.

— O seu funeral — falou Providence. — Quero que você aproveite este silêncio, este momento, e feche os olhos. Pense na cena do seu funeral, sua existência atual terminada. Sua família, seus amigos, todos que estão lá para lhe homenagear. Crie a cena com detalhes, perceba quem você acha que mais vai sentir a sua falta. Agora pense no seu túmulo, no lugar onde seu corpo físico será depositado. Pense na lápide do seu túmulo. O que acha que vai estar escrito ali. "Aqui jaz uma pessoa que..."

— Tentem completar essa frase. Pelo que acham que serão lembrados quando tiverem morrido? Terão realizado ao menos parte do seu propósito de vida? O que devem fazer para isso acontecer? Usem este tempo para uma reflexão profunda e especial.

Providence deixou o círculo de cadeiras e chegou perto da abertura do vale. Inspirou profundamente e agradeceu. Todos os protagonistas estavam ali, presentes. Todos. A emoção era palpável. A conexão, também.

Quinze minutos depois, estavam conversando sobre a experiência, durante um rápido *coffee break*. Foi Caroline quem viu primeiro. Chamou a atenção de todos, para que se mexessem devagar, sem grandes ruídos. A menos de dez metros deles, na pedra que ficava do lado direito da tenda, uma enorme ave. Uma águia, na verdade. Grandiosa, imponente. Pousada na pedra, olhava para todos, como que parada no tempo. Todos ficaram imobilizados. A cena durou não mais que dois minutos. Mas pareceu uma eternidade.

Enquanto a águia levantava voo, Providence sorriu, enxugando uma lágrima.

Tudo estava interligado. Como devia ser.

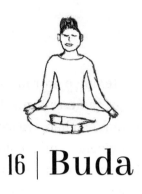

16 | Buda

De volta ao hotel, logo após o almoço, Providence comunicou que todos teriam trinta minutos em seus quartos. Mais do que um intervalo, queria que todos tivessem tempo para registrar a força das experiências daquela manhã.

Sentado no chão de seu quarto, Uly se sentia diferente. Modificado, na verdade. Talvez por causa do conteúdo abordado por Providence durante aqueles dias, ou pela distância da tecnologia, sentia-se mais presente, mais focado em si mesmo. Além disso, toda a experiência com a natureza também havia sido muito especial. Tinha pouco mais de dez minutos para retornar à sala dos trabalhos do Carrossel, mas não conseguia parar de desenhar em seu diário de bordo. Uma águia em uma página inteira, cujos olhos grandes e observadores tomavam grande parte do tempo para terminar o desenho. Pensava em sua vida, em Deborah e Peter, sua família, em seu trabalho. Em especial, refletia sobre como conseguir levar uma fagulha de tudo o que estava vivendo naqueles dias lá para fora, quando voltasse para a sua vida normal.

Terminou a águia e começou a escrever uma lista, em formato de carta para si mesmo, com tudo o que pretendia fazer quanto voltasse para casa e para a sua rotina.

Acabou se perdendo no tempo e entrou na sala com quase quinze minutos de atraso. Antes que pudesse pedir desculpas, teve que parar abruptamente. Todos estavam no chão, em seus tapetes de meditação, com os olhos fechados. Providence tinha colocado uma trilha sonora com sons de animais e da natureza. Todos com os olhos fechados, respirando, absortos, entregues, seguidores das palavras dela. Uly ficou parado na porta e preferiu observar, de pé. Não queria atrapalhar o exercício do grupo. Na verdade, estava impactado com a sensação de harmonia que percebeu no ambiente. Entendeu, de imediato, o que Providence quis dizer com o termo Conselho de Protagonistas. Estava diante de um. E se sentia parte dele.

Dez minutos depois, todos de volta às suas cadeiras. Providence começava a primeira parte da sessão da tarde.

— Vocação é permitir que seu talento natural se manifeste. Uma tartaruga é um excelente nadador, mas um caminhante vagaroso. Um puma é um corredor exímio, mas não foi feito para voar. Já uma águia é um péssimo corredor, mas seu voo é especial.

— Não só o voo é especial — disse Gina. — A presença, a força da águia é algo de que nunca mais vou esquecer. Aliás, como é que você conseguiu isso, Providence? Isso acontece em todos os Carrosséis?

— Fomos nós, como um grupo, que conseguimos, Gina. Estávamos no lugar certo, na hora certa.

— A bênção da natureza para o nosso Conselho — disse Uly. — Para mim foi isso.

Ed sentiu a mesma coisa, e tudo isso trazia desconforto. Estava claramente ligado àquelas pessoas de uma maneira inesperada. As palavras de Uly fizeram todo o sentido para ele. O cinismo estava dando lugar à abertura. E ele não podia negar o quanto gostava de sentir-se assim.

— Vejam que não devemos confundir talento com habilidade. Talento é algo natural, uma característica especial com a qual nascemos. Já a habilidade é adquirida, trabalhada, desenvolvida. Até agora, falamos muito em autoconhecimento, em consciência e na importância da descoberta do nosso propósito. É importante entender que o propósito mobiliza em especial os nossos talentos e não somente nossas habilidades. O talento reverbera de forma muito presente quando estamos na direção certa. Em nós mesmos e no que nos cerca — continuava Providence.

— Penso que temos duas barreiras fundamentais para construir uma vida na direção do nosso propósito. A primeira é a do autoconhecimento, a da falta de consciência sobre o que desejamos, de fato, viver e construir. E a segunda, ainda mais difícil de ser transposta, é conseguir criar uma trilha de vida e de carreira que esteja na direção de nosso propósito, ao mesmo tempo em que temos nossas responsabilidades como adultos. Todos temos contas para pagar, carreiras para administrar, empregos a manter para poder cumprir com nossas obrigações. Ao mesmo tempo, ansiamos o tempo todo pela oportunidade de uma promoção, pelo carro novo que almejamos comprar, ou por nossa próxima viagem. De um lado, portanto, temos nossas obrigações: as contas de luz, telefone, aluguel, a mensalidade da escola dos filhos, prestações etc. Do outro, temos nossos desejos materiais. No meio, temos nosso trabalho, que pode viabilizar as duas coisas. Quanto mais trabalho, maiores minhas chances de ganhar mais, de ser promovido. Portanto, posso me preocupar menos com as minhas contas e, quem sabe, conquistar mais ganhos materiais. Mas onde fica o propósito no meio disso tudo? Onde conseguimos encontrar tempo e consciência para refletir sobre o que desejamos, de fato, a longo prazo?

— É muito mais fácil definir qual o próximo modelo de moto que almejo comprar do que tentar entender onde quero estar daqui a vinte anos — disse Tony.

— Exatamente — emendou Providence. — É mais fácil se afundar no trabalho e buscar pequenos momentos de satisfação por meio de compras ou viagens do que refletir sobre propósito e legado, por exemplo. Will Rogers escreveu uma frase muito forte sobre isso que estamos falando: "Muitas pessoas gastam o dinheiro que não têm para comprar coisas que não querem para impressionar outros de quem não gostam".

— Vocês já ouviram falar da Teoria dos 3S de uma carreira? O primeiro S é o da Sobrevivência, a fase em que começamos a trabalhar para pagar nossas contas, almejando a independência. O foco é na remuneração. O segundo S, ou a segunda fase de uma carreira, vem com o Sucesso, quando queremos conquistar promoções, admiração dos outros e reconhecimento. É uma fase de muito empenho, de grande competição. A fixação está no *status*, na adrenalina do combate corporativo.

— A fase da sobrevivência pode ser representada pela frase "Somos o quanto ganhamos". Na fase do Sucesso, a melhor frase seria "Somos o que conquistamos". Nessa fase, podemos entender muito sobre os viciados em trabalho, sobre a necessidade das gratificações geradas pelas conquistas do trabalho. Afinal, tudo isso é mais controlável, ou mais fácil, do que ter sucesso na vida pessoal, nas relações com as pessoas que amamos. Já falamos de termos como "esteira corporativa" ou "executivos vendados", no "piloto automático". A grande maioria das pessoas vive e trabalha dentro desse *modus operandi*, seja por querer, ou por precisar.

— Mas qual é a terceira fase, ou o terceiro S? Você falou em Sobrevivência e em Sucesso. Qual a fase seguinte? A da Solidão? — perguntou Becca.

— Solidão? Por que solidão? — questionou Caroline.

— Vejo a posição do CEO como solitária — respondeu Becca — Sempre lidando com problemas, muitos tiveram seus casamentos desfeitos e não têm vida pessoal.

— Um ponto para reflexão, Becca — disse Providence — mas o terceiro S é o mais importante em qualquer carreira. É a fase do Significado. Qual é o significado do meu trabalho? Que tipo de impacto ele gera na sociedade? Que tipo de legado estou construindo com minha dedicação diária? O que mais, além de dinheiro e *status*, estou acumulando?

— Qual seria a frase para a etapa do Significado, Providence? — perguntou Ed.

— "Somos o que desejamos ser". O significado de nossas carreiras, a responsabilidade por nossas escolhas, vêm com a maturidade. Se temos consciência do que desejamos, escolhemos alinhar nossas vidas e carreiras nessa direção.

— Mas isso pressupõe mudar? — insistiu Ed.

— Nem sempre, Ed. Existem pessoas que se percebem no caminho certo. Outras fazem pequenos ajustes de rota. E algumas rompem com tudo, para iniciar um novo caminho. Sempre levando em considerção as consequências financeiras, logicamente. Pois de nada adianta eu romper com tudo e querer viver o meu propósito, mas falir ou colocar minha família em dificuldades. Toda a inspiração da decisão vai rapidamente ser dominada pela preocupação com as obrigações de contas para pagar ou pelas dívidas. Por isso destaco duas armadilhas para vivermos nosso propósito. A primeira é a falta de consciência; a segunda, a ausência de viabilidade.

— Mas você não acha que algumas pessoas têm mais sorte do que outras? Parece que as oportunidades aparecem mais para certas pessoas e, por conta disso, elas se movimentam mais, ficam mais animadas — comentou Otto.

— Temos duas questões neste caso, Otto. Uma é a chance, a outra é a motivação. A chance tem, sim, a ver com sorte, com estar no lugar certo na hora certa. Mas conheço um monte de gente que se esconde até da chance. Gente que trabalha demais, que se preocupa demais, que se ocupa demais...

— Gente que faz esporte demais... — emendou Otto, sorrindo.

Providence sorriu de volta e continuou.

— Também. Todos esses se fecham tanto que fica difícil até perceber, sentir quando uma oportunidade pode surgir, por sorte ou merecimento.

— Mas a outra questão é mais séria, a da motivação. *Se você quer que eu te motive, não quero te contratar.* Adoro essa frase. Temos, aqui, um aprendizado muito importante: a motivação é algo intrínseco, que vem de dentro. Não posso terceirizar minha motivação para outras pessoas. Uma coisa é motivação, outra é engajamento. Motivação é como me sinto em relação ao que faço, ao que me desafia e me faz

95

crescer. Engajamento é como me integro ao ambiente em que vivo e trabalho, em como me conecto com o entorno.

— Vejo muitas pessoas atribuindo a chefes, às empresas ou às áreas de RH a culpa por sua falta de motivação. Ora, essa é uma questão interna. É você quem tem que saber, quem deve entender, o que te motiva e buscar um trabalho que permita isso. Vejo muitas pessoas passivas, transferindo a responsabilidade de achar a sua motivação para os outros. Uma mistura de zona de conforto com papel de vítima, que é justamente o oposto do que acredito: a jornada do herói, o protagonista, o profissional que reflete sobre suas escolhas, a pessoa que busca construir uma vida com significado.

— Lembra-se, Ed, quando falamos a respeito da frase de Henry David Thoreau sobre formigas e com o que estamos ocupados?

Ed acenou com a cabeça. Percebeu, novamente, o quanto estava conectado com todos aqueles temas. Não só tinha mudado de postura, mas queria saber mais, precisava entender mais.

— Acredito firmemente na importância da conexão com o trabalho. Isso tem relação com motivação, e também com propósito. Alguns estudiosos usam o termo "estado de fluxo", que é quando sintonizamos nossos talentos e nossa habilidades com os desafios apresentados pelo trabalho. Em momentos como esse, perdemos a sensação da passagem do tempo, nosso ofício nos absorve, nos tornamos uma coisa só, tamanha a nossa motivação, concentração, dedicação e satisfação com o que fazemos. Muitos esportistas já descreveram esse mesmo estado de fluxo em seus melhores momentos, assim como artistas e cientistas. É esse tipo de estado de espírito que devemos buscar no trabalho. Nada menos que isso.

Todos olhavam para ela, mudos.

— Vejam que estou falando de insumos para o espírito. Razões que justifiquem nossa dedicação ao trabalho, e a dedicação de grande parte de nosso tempo aqui nesta vida para o trabalho. Madre Teresa de Calcutá, enquanto trabalhava com os piores cenários de miséria, doença e necessidade humana, dizia que "o milagre não é fazer este trabalho, mas ser feliz por fazê-lo." É esse tipo de entrega, de identificação, de significado que estou colocando para vocês.

— A régua é alta, sei disso. Mas não acho que possamos nos contentar, que possamos deixar de aspirar por nada menos que isso. Volto ao ponto da loteria. Se você ganhasse na loteria e resolvesse suas questões financeiras, continuaria a fazer o que faz? Mas posso ir além. Em vez de ganhar para trabalhar, você pagaria para fazer o seu trabalho? Quanto você gosta do que faz? Quanto seu trabalho é realmente importante para você, para sua expressão e realização? É este tipo de significado que devemos buscar, meus caros protagonistas.

Gina sentiu vontade de aplaudir. Estava fascinada com o conteúdo, com os ensinamentos. Becca anotava tudo o que podia, quase furiosamente.

Todos se assustaram quando Providence emendou.

— Os mestres Zen dizem que se você encontrar um Buda no caminho, deve matá-lo. Isso mesmo, você deve matá-lo. Assim como a motivação, as respostas residem dentro de você, não nas minhas palavras.

— Vamos parar por quinze minutos, para um intervalo. Isso aqui está ficando forte demais para o meu gosto.

Durante o intervalo, Uly ficou sentado na sala, sozinho, enquanto olhava o desenho da águia em seu diário de bordo. Estava emocionado. Pensava na grandeza do trabalho de Providence, na força de suas palavras, em sua dedicação ao grupo. Mas, mais do que isso, entendia que a sabedoria, quase mágica, e o verdadeiro poder não estava em Providence ou naqueles dias. Estavam dentro dele, de cada um deles.

17 | Túnel do tempo

Caroline estava com muitas dificuldades neste exercício. Parecia que tinha apagado uma parte de sua vida da memória. Não conseguia se lembrar de que tipo de carreira queria construir quando tinha vinte e poucos anos. Ficou pensando se os remédios para dormir podiam causar esse tipo de efeito colateral.

Já para Edward, parecia uma fotografia de bolso de tão presente. Ele se via como CEO de uma empresa multinacional, com todo o pacote de benefícios: remuneração, *staff*, sala exclusiva e tudo mais. Mas a cada detalhe adicionado à descrição do cenário, mais estranho ele se sentia.

Otto via-se como gestor de fábrica. Essa era a sua vontade desde que se conhecia por gente. Gina queria escrever que se enxergava como CFO, mas a verdade é que tinha começado sua carreira se preparando para ser assistente de diretoria. Becca tinha pensado em abrir uma escola de artes para crianças, enquanto Tony queria trabalhar na área de marketing da Nike. Uly achava que seria arquiteto.

Na volta do intervalo, Providence havia sido muito clara. O exercício, chamado de Túnel do Tempo, deveria ser feito nos diários de bordo. Eles precisavam trazer muitos detalhes, o máximo possível de lembranças, sobre como se imaginavam quinze anos para a frente quando tinham entre 20 e 25 anos de idade. Ou seja, como achavam que seria o seu futuro e o que fariam profissionalmente naquele momento do seu passado? O tal futuro distante de quinze anos era o que estavam vivendo hoje.

Passados os vinte minutos ela pediu que cada um viesse à frente para falar um pouco da experiência e dos *insights*. Todos falaram rapidamente sobre suas perspectivas no passado, sobre o que tinham acertado ou não. Mas Caroline e Ed quase monopolizaram aquela parte das conversas.

— Não sei se é um problema de memória ou se eu não tinha ideia do que seria no futuro, mas a verdade é que minha página ficou em branco. Fiquei pensando se o problema está na falta de habilidade de olhar para trás ou na falta de preparo em olhar para a frente — comentou Caroline.

— O importante é você se dar conta disso agora para poder projetar o que deseja para o futuro de forma mais consciente e concreta, Caroline — disse Providence.

— Para mim a experiência não foi de dificuldade, Providence, mas de surpresa ao perceber que tudo ao que eu aspirava há quinze anos não faz mais muito sentido. Mas o mais surpreendente é me dar conta de que descobri isso tudo nos últimos dois dias aqui com vocês — confessou Ed.

— Vamos falar mais sobre isso daqui a pouco, OK, Ed? — disse Providence, sorrindo.

— A verdade é que, com o passar dos anos, deixamos que nossos sonhos, aquilo que desejamos para o nosso futuro, se afaste de nós. Escolhemos nossos trabalhos por razões pontuais, às vezes nem muito claras, e nos acomodamos com isso. Passamos a duvidar de que é possível trabalhar e ganhar a vida com o que verdadeiramente gostamos. Nos perdemos entre as responsabilidades e obrigações da rotina diária e deixamos de pensar no que desejávamos, de verdade, conquistar.

— Ananda Coomaraswamy escreveu uma frase que acho muito bonita: "a vocação é uma função, como ser arquiteto ou fazendeiro. Como o homem encara o exercício dessa função é o seu mais importante meio de desenvolvimento espiritual; como encara sua relação com a sociedade, a medida do seu valor". Vejam só o que ele diz: devemos prestar atenção à nossa vocação. De novo, volto aos nossos talentos e ao nosso propósito. Depois, ele nos ajuda a refletir sobre a forma como encaramos o nosso trabalho, pois isso é parte do nosso desenvolvimento espiritual. Já falamos sobre conexão, estado de fluxo e sentimento de realização com o que trabalhamos. Por fim, o impacto do nosso ofício na sociedade, o valor ou o legado que podemos construir.

Caroline sentiu-se um pouco aliviada. Apesar de não lembrar dos seus planos de quinze anos atrás, ela sentia um orgulho muito grande por seu trabalho na área de RH, ajudando pessoas a produzirem mais e a trabalharem melhor. Ficou pensando em como o volume de coisas da sua rotina a distanciava dessa vocação, do sentimento de realização por causa do seu trabalho.

Providence parecia emendar nos pensamentos de Caroline.

— Mas precisamos nos habituar a fazer análises periódicas do quanto estamos felizes ou realizados com o trabalho que fazemos. Por isso quero que vocês respondam às questões a seguir em seus diários de bordo. Primeiro, listem todas as coisas de que gostam em seu trabalho atual. Pensem em tudo o que traz aprendizado, satisfação, realização, orgulho.

— Agora escrevam o nome de pelo menos três pessoas que trocariam de lugar com vocês num piscar de olhos, para ter o emprego que vocês têm. Ao fazer isso, prestem atenção que parte de sua frustração atual pode ser por conta do copo meio vazio. Ou seja, vocês tendem a prestar atenção apenas ao que não têm, ao que incomoda em seus trabalhos, ao que mudariam à força se pudessem.

— Então eu pergunto: existe, de fato, um copo meio cheio, meio vazio? A que parte vocês têm dedicado mais atenção? Que tipo de satisfação vocês têm conseguido obter a partir de seu trabalho? Lembrando que gastamos mais horas acordados no trabalho do que com qualquer outra coisa. Vocês têm que encontrar pontos de satisfação no que fazem, caso contrário, é como deixar, de maneira consciente, que suas almas sejam engolidas todos os dias. É o que chamo de *demissão emocional*, quando você só aparece de corpo presente para trabalhar, pois a alma desapareceu ou foi deixada em algum outro lugar.

— De novo, peço que leiam comigo essa passagem projetada na tela, escrita por Mitroff e Denton:

As pessoas não querem, de fato, compartimentalizar ou fragmentar suas vidas. A busca por significado, propósito, pelo todo, pela integração é constante, nunca termina. Confinar esta busca a um dia por semana, ao final de semana, ou às horas depois do trabalho é uma violência ao senso de integridade das pessoas, à sua vontade de serem plenas. Em síntese, a alma não é algo que deixamos em casa.

Uly teve que se levantar. Estava com vontade de abraçar Providence. Em vez disso, foi pegar mais um café no fundo da sala, enquanto ela seguia falando.

— Vejam que não estou defendendo rupturas ou decisões abruptas, mas sim a consciência de examinarmos o que gostamos de fazer, o que nos satisfaz no trabalho atual e o que podemos fazer para colocar nosso trabalho mais em sintonia com o nosso propósito. Sem sonhos mirabolantes, sem dívidas inesperadas, sem irresponsabilidade, mas com consciência para reconhecer a que aspiramos, de fato, e protagonismo para começar a construir o caminho que desejamos.

— Esta é a diferença entre ganhar a vida e fazer uma vida. Tenho, sim, contas para pagar e compromissos, mas não posso me isentar de tentar colocar meu trabalho na direção da vida que quero construir. Só que, para isso, é preciso ter parcimônia e planejamento. Não adianta querer largar tudo e se jogar de cabeça, de forma romântica e pouco realista. Temos que raciocinar sobre metas práticas, mas também possíveis de serem realizadas. Passo a passo. Não adianta começar a praticar corrida e já querer se inscrever para uma maratona, não é mesmo, Otto?

Otto sorriu, concordando com a cabeça, enquanto completava sua lista de itens sobre o que mais gostava em seu trabalho atual.

— Mas o que não podemos fazer é deixar de parar para refletir, não reconhecer o chamado, não tentar colocar em prática um plano de ação que nos coloque na direção do que desejamos ser, de verdade.
— Martin Luther King disse:

A covardia pergunta "É seguro?"; a conveniência pergunta "É diplomático?"; a vaidade pergunta "É popular?"; e a consciência pergunta "É correto?". E chega um momento em que você tem que assumir uma posição que não é segura, nem diplomática, nem popular, mas que deve ser tomada porque a sua consciência lhe diz ser a correta.

— Lembrem-se, os mestres Zen dizem que você deve matar um Buda se ele surgir em seu caminho. Minhas palavras não servem de nada se vocês não tirarem o sentido que elas podem fazer para as suas vidas. Mas tudo isso dá trabalho. Dá trabalho encontrar tempo para refletir. Dá trabalho parar para pensar. Muitas vezes dói perceber que não estamos no caminho que gostaríamos de estar. Dá trabalho planejar o novo, colocar em prática, tentar construir uma alternativa. Para fazer tudo isso é preciso dedicação, disciplina e persistência. Ninguém menos do que Michelangelo dizia que "se as pessoas soubessem o quanto trabalhei para dominar a minha arte, ela não pareceria tão maravilhosa".

Em seu quarto, Caroline sentia-se outra pessoa. O seu túnel do tempo fluía com vontade, com verdade. Parecia que era outra pessoa quando comparada com a Caroline antes da atividade do meio da tarde. Providence havia passado o próximo tema ao final da sessão, antes do intervalo para se prepararem para o jantar: "Como se viam daqui a quinze anos, a partir de hoje? Que tipo de carreira queriam construir para daqui a 15 anos?".

Caroline havia desenhado um túnel em seu diário de bordo, e a sua lista de detalhes não parava de crescer. A cada pausa, olhava para o túnel desenhado na página à sua frente, levantando o caderno como se estivesse segurando uma luneta que lhe permitia vislumbrar o futuro que queria ter.

18 | Assinaturas

Às 19h30, em ponto, todos estavam na porta da sala de refeições, com seus diários de bordo embaixo do braço, conforme Providence havia pedido. Havia cumplicidade entre eles e também um pouco de tristeza. A cumplicidade era por tudo o que tinham vivido e compartilhado naqueles dois dias. Laços fortes com pessoas estranhas, mas que por alguma razão estavam em etapas de vida similares. E também pelo aprendizado, pelas trocas. Por isso a tristeza. Pelo tempo que parecia que tinha voado. Por saberem que a manhã seguinte levaria cada um para um lado, para sua própria vida.

Providence abriu as portas da sala como se estivesse abrindo as portas da sua casa, convidando todos para entrar. A sala de refeições parecia transformada. Música suave de fundo, sete mesas individuais meticulosamente arrumadas, cada uma com um único lugar. Cada mesa com o nome de um protagonista, com pratos, talheres, copos, flores, velas acesas. Iluminação na medida certa e um detalhe importante: todos os lugares estavam voltados para a parede. À frente de cada um deles, um espelho do tamanho de um quadro.

Providence pediu:

— Boa noite, meus queridos. Por favor, procurem a mesa com o seu nome. Como podem notar, cada um tem a sua própria mesa. Ao se sentarem, verão que escolhi as melhores companhias para vocês.

Gina sentou-se em seu lugar e olhou para o seu reflexo no espelho. Era tão bom se deixar surpreender e permitir que outras pessoas cuidassem de todos os detalhes. Olhou para Tony, na mesa à sua esquerda, que estava claramente surpreso.

— Como na manhã de ontem, nosso primeiro dia juntos — continuou Providence, sorrindo — gostaria que vocês permanecessem em silêncio. Acho que agora isso vai ser bem mais fácil...

Com todos sentados em seus lugares, e cada um olhando para o espelho à sua frente, Providence fechou as portas da sala, ficando somente ela em pé. Enquanto circulava por trás das mesas, era seguida por olhares curiosos, sempre de forma indireta, por meio dos reflexos nos espelhos. A atmosfera estava perfeita. A música "Stay Alive" (Fique vivo), de José González, tocava de maneira harmônica com o momento. O refrão repetia a mensagem do ambiente (*Dawn is coming, open your eyes* – O amanhecer está vindo, abra seus olhos).

Providence estava com a voz embargada e não tentava disfarçar sua emoção.

— O amanhecer está vindo, abra seus olhos. Essa música traz uma mensagem muito forte sobre o futuro que nos aguarda, sobre a capacidade de cada um de nós de escrever o novo dia, com consciência e atitude. Não consigo deixar de me emocionar...

Havia menos de dois dias, qualquer demonstração de emoção poderia ser interpretada como sinal de fraqueza ou mesmo de exagero. Mas todos, naquele momento, entendiam o que Providence queria dizer.

— Este jantar marca também o início da nossa despedida. Teremos este jantar, algumas atividades hoje à noite e amanhã, um rápido café da manhã, pois às 8h30 em ponto os carros vão levá-los para o aeroporto. Temos que aproveitar muito estes nossos momentos juntos.

Enquanto dois garçons serviam as entradas, Providence explicava.

— Como eu disse, peço que permaneçam em silêncio. Teremos três pratos leves: a entrada que está sendo servida, em seguida o prato principal e uma sobremesa. Depois, faremos uma atividade aqui mesmo.

A regra é simples: eu falo, vocês comem. Quem quiser, pode escrever também. E uma dica: procurem olhar muito mais para vocês mesmos, para seus reflexos no espelho, do que para mim ou para os lados, OK? Bom apetite e aproveitem a companhia.

Ed se sentia estranho olhando para si mesmo no espelho. A soma do silêncio com a falta de tecnologia (o celular seria uma muleta e tanto em momentos como aquele) e o desafio de olhar para si mesmo o deixavam desconfortável. Espiou à sua esquerda e viu Antony e Gina em situação similar. Becca estava rindo sozinha. Uly examinava sua salada. Otto estava sério, tentando cumprir o desafio. Caroline, brincava com o guardanapo.

— O cálice à sua frente tem vinho branco, que pode ajudar a te deixar mais à vontade com você mesmo — provocou Providence.

— Engraçado nos darmos conta de que somos vistos dessa maneira o tempo todo pelos outros, mas o nosso ponto de vista é sempre unilateral, não é mesmo? Então, comece agora a perceber um pouco mais sobre a sua postura, a sua linguagem corporal. Onde estão suas mãos? Você cruzou as pernas? De que forma? A forma como você se percebe internamente é a mesma que observa no espelho?

Todos se observavam em seus respectivos espelhos.

Caroline levantou sua taça para o garçom. Precisava de um reforço. Providence sinalizou com as mãos para que fosse com calma.

— Vocês lembram de como assinei os convites que receberam para este Carrossel? — perguntou.

— Antes da sua assinatura? Presença e Coragem, se não me engano. Acho que foram essas as suas palavras — disse Caroline.

— Exatamente, Caroline. Mas lembre que vocês devem permanecer em silêncio — disse, com uma piscadela.

— Bem, desde o convite, estamos trabalhando com estes dois temas, presença e coragem. Toby, por favor, pode começar — ela pediu.

Na parede branca oposta à porta de entrada, perpendicular à parede para a qual estavam todos olhando diretamente para seus espelhos, uma seleção lenta, mas muito especial dos momentos que tinham passado juntos começou a ser projetada.

As caixas com os convites que receberam, os endereços de entrega, alguns de casa outros das empresas, as malas com as etiquetas de bagagem, os quartos com os bilhetes na chegada, o arsenal de *gadgets* tecnológicos confiscados e assim por diante.

Enquanto as imagens se sucediam, Providence narrava.

— Depois da chegada de vocês, veio a surpresa com o sequestro da tecnologia. O aprendizado? A importância do silêncio e das pausas, para prestarmos atenção em nós mesmos. Depois, a entrega dos diários de bordo, com o pedido dos registros em prol do autoconhecimento. Em seguida, o desafio da primeira meditação, quase um suplício para alguns.

Gina sorriu, emocionada.

— O objetivo era fazer que começassem a prestar atenção em sua voz interior. Mas nada melhor do que um choque de silêncio para dar o tom, não é mesmo? Duas horas em total silêncio. Eis que a meditação não era um desafio tão grande assim. Tudo é uma questão de parâmetro...

As imagens eram ora engraçadas, ora tocantes. Otto se alongando no gramado, Caroline examinando as pontas de seus cabelos, Becca fazendo anotações, compenetrada, em seu caderno. Uly olhando para o céu.

— O exercício do silêncio é uma forma de trabalharmos a atenção, a consciência. Falamos também sobre nossos periscópios internos, e o conceito de *mindfulness*, sobre os tabuleiros que podemos usar para exercitar nosso protagonismo.

Na tela, um mosaico de heróis, de *Luke Skywalker* a *Forrest Gump*, de *Erin Brockovich* a *Thelma e Louise*.

Providence não parava.

— Na metáfora da jornada do herói, o exercício da identidade e da direção. Os cartazes "Quem sou eu?" e "O que desejo construir?" parecem obras de arte, seja pela verdade ou pelo aprendizado.

Na tela, a sequência de imagens dos cartazes feitos por eles mostrava detalhes das fotos, dos desenhos, das frases.

— Ontem pela manhã, o desafio da cozinha e de usarmos os ingredientes corretos para nutrir nossos relacionamentos.

Todos gargalhavam ao ver Becca parecendo um fantasma, com o rosto cheio de farinha. Logo o riso se transformou em nó na garganta.

— E eis que a presença da natureza nos enquadra, nos sintoniza com o que somos, com onde estamos de verdade. E o privilégio de uma cena inesquecível para nos lembrar sobre a importância da direção e do propósito.

A imagem da águia, bem como o close em seu olho esquerdo, tomou conta do ambiente. A emoção estava ali, bem como a conexão entre todos.

— Também fomos lembrados sobre a impermanência, no exercício do funeral. Aqui, as lápides que alguns de vocês autorizaram que fossem fotografadas.

Ed sentiu remorso por não ter deixado que Toby fotografasse a sua, e espanto por não entender por que tinha reagido assim.

— E não podemos esquecer do túnel do tempo, com as perspectivas de quinze anos para trás e de quinze anos para a frente. A responsabilidade que temos sobre nossas carreiras e nossas escolhas.

Na tela, diversas obras de arte, algumas de artistas, outras da natureza: o teto da Capela Sistina, de Michelangelo; *Os Girassóis*, de Van Gogh; a *Pietá* de Michelangelo; a Catedral da Sagrada Família, em Barcelona; o Taj Mahal, na Índia; o Morro do Pão de Açúcar, no Rio de Janeiro; a Table Mountain, na Cidade do Cabo; a Muralha da China, entre tantas outras.

— Lembrem sobre o compromisso com o trabalho para a expressão da arte, da mágica. Este é o seu chamado, o seu dever, a sua responsabilidade. A decisão de qual caminho seguir é sua.

Na tela, a frase "A hora é agora" estava sobreposta a um mosaico de todas as fotos que haviam sido projetadas antes. Era a imagem final. Providence pegou de seu bolso uma caneta de ponta grossa, dessas usadas para quadros brancos, foi até a parede, e assinou abaixo.

Ofereceu a caneta para Ed, que era o mais próximo da projeção. Ele se levantou para assinar. Um a um, todos assinaram embaixo.

Acabavam de criar o termo oficial do Conselho de Protagonistas.

19 | Talismã

Estavam todos de pé em formato de círculo, falando baixo, com xícaras de café ou chá na mão. Pareciam um grupo de crianças tramando um plano maluco ou uma aventura.

Providence pediu que não passassem de quinze minutos na pausa do café, depois do jantar, enquanto ela conferia se estava tudo pronto na sala de trabalhos que ficava a uns trezentos metros de onde haviam jantado.

Foi Ed quem teve a ideia.

— Pessoal, o que acham de pensarmos em um presente ou uma homenagem para Providence? Sei que está tarde, mas ela merece — falou, quase sussurrando.

— Acho uma ótima ideia, mas temos tão pouco tempo — disse Gina — acho que só mais essa sessão após o jantar e o café amanhã cedo.

— Podemos acordar meia hora antes e entregar amanhã de manhã — disse Caroline. — Mas o que podemos fazer?

— Precisamos nos virar com o que temos aqui. Ou seja, nossos diários de bordo e canetas. Que tal cada um de nós arrancar uma página e fazer um desenho para ela? — sugeriu Otto.

Becca fez uma careta, mas tentou colaborar.

— Sou uma péssima desenhista, mas OK. E podemos também colocar uma palavra que represente o que este Carrossel significou para nós.

— Vai ficar bacana. E os desenhos também teriam relação com o Carrossel, certo? Pois acho que a homenagem é também ao trabalho dela — disse Uly.

Foi Tony quem deu o toque final sobre como os desenhos teriam relação uns com os outros, bem como com a maneira que cada um havia sido convidado a participar do encontro.

Foram interrompidos pela entrada de Providence, que parou na porta para chamá-los para a sessão de encerramento.

⁂

A sala de trabalhos estava bem diferente. As cadeiras formavam um semicírculo, todas próximas umas das outras. A bancada do café havia sido retirada do fundo da sala e colocada à esquerda de todos, contra a parede. Estava totalmente decorada com flores, uma caixa de chás, água, cestas, vasos e tigelas cheias de balas, chocolates e guloseimas de todos os tipos. Parecia uma mini versão da Fantástica Fábrica de Chocolates de *Willy Wonka*.

Providence pediu que se sentassem e começou a falar.

— Antes de mais nada, não gosto de despedidas. Por isso, esta mesa colorida e cheia de doces para degustarmos e lembrarmos que o momento é de alegria por tudo o que vivemos e aprendemos juntos nesses dias. Aproveitem, comam o que quiserem, se permitam. Vejam como uma mesa como essa ajuda a despertar o lado criança que todos nós temos, que em alguns está mais conectado e em outros mais esquecido.

— Fiquei muito emocionada com o final do nosso jantar e com as reações de todos vocês. Testemunhei, com muito orgulho, o nascimento do nosso Conselho, e é nosso dever procurar mantê-lo aceso, vivo, a partir de amanhã, quando não estivermos mais aqui juntos. Podemos estimular essa atitude, ou hábito, de duas formas: a primeira é uns com os outros. Vocês vão receber telefones e e-mails de todos na pasta com os conteúdos do Carrossel amanhã cedo, antes de saírem para o aeroporto. Fiquem em contato, permaneçam conectados. Mas, mais do que isso, estejam disponíveis uns para os outros sempre que necessário. O Conselho de Protagonistas foi criado esta noite, mas vai durar tanto quanto vocês mesmos quiserem. Lembram quando usei o termo ecossistema interno? Este é mais um, porém externo, criado por vocês para que possam se apoiar em questionamentos, dúvidas e decisões sobre suas carreiras e vidas pessoais. Uma espécie de rede especial de proteção e confiança.

Gina sorriu e disse:

— Acho ótimo ter pessoas que podem puxar a minha orelha quando eu quiser voltar ao modo *control freak*.

Providence riu, junto com todos, e continuou.

— Mas a parte mais importante da atitude, ou dos novos hábitos, está em levar o que aprendemos aqui dentro para nossos diferentes círculos de relacionamento. Acho que este é o maior desafio: não permitir que tudo o que sentimos nesses dias, o que percebemos como verdade, fique restrito a este tempo ou a estas pessoas. Temos que levar essa nova postura para nossas vidas pessoais e para nossas carreiras lá fora. Isso significa ter sempre em mente questões fundamentais, como silêncio interior, autoconhecimento, escuta ativa, intenção, intuição e propósito. E aplicar tudo isso, se possível diariamente, na forma como nos relacionamos com nossas famílias, nossos maridos, mulheres, namoradas ou namorados, nossos amigos e também nas empresas onde trabalhamos, com as pessoas e os times com quem interagimos. Aliás, não só com estes, mas como todos os outros que virão.

Otto comentou:

— O desafio do protagonista e a jornada do herói.

— Não é tudo a mesma coisa? — provocou Providence, projetando um texto na tela.

— Theodore Roosevelt escreveu um texto sobre isso que sempre me emociona, e que gostaria de ler junto com vocês:

Não é o crítico que conta; nem aquele que aponta como o forte tropeça, ou em que o autor do feito poderia ter sido melhor.

O crédito pertence ao homem que, de fato, está na arena; cuja face é marcada por poeira, suor e sangue; aquele que luta com coragem, que erra, que vacila e cambaleia, de novo e de novo, porque não há esforço sem erro e hesitação;

Aquele que realmente se esforça para as proezas, que conhece o grande entusiasmo e as grandes devoções, que se entrega e consome por uma causa valorosa. Aquele que, no melhor, conhece o triunfo da realização ao final; e que, no pior, se ele falha, ao menos falha na ousadia grandiosa...

— Ousadia grandiosa, meus queridos. Esse é o lema que gostaria que ficasse com vocês, a partir de hoje. Sempre que tiverem que parar e refletir, sempre que titubearem, sempre que vacilarem na vida ou na carreira, lembrem do crédito de quem está na arena, tentando, vivendo à altura do seu potencial.

De novo, a emoção.

Alguns, com os olhos cheios de lágrimas. Todos presentes, conectados.

Providence também estava emocionada. Respirou fundo, e disse:

— Phil Lane escreveu que "a estrada mais longa que você terá que caminhar é a jornada que vai de sua mente até o seu coração". Gostaria, então, de pedir que fizessem um último exercício antes de irmos dormir. Na verdade, não é propriamente uma novidade para vocês. Lembram do exercício que fizemos logo no primeiro dia sobre as razões para estarem aqui? Bem, gostaria que repetissem. Em seus diários de bordo, encontrem a página em que escreveram sobre a principal razão para terem sido convidados por seus CEOs para este Carrossel. Vou colocar uma música e quero que fiquem alguns minutos em silêncio, refletindo sobre o que escreveram ontem e o quanto isso ainda se mantém de pé, como a razão, de fato, para estarem aqui. Vamos começar?

❦

Caroline estava sentada na sua cama, olhando para o presente que haviam recebido na saída da sala. Mais uma vez, Providence surpreendeu a todos. Ela realmente não gostava muito de despedidas.

Depois de algum tempo com a música e as anotações nos diários de bordo, foi Toby quem entrou na sala e os informou que aquela sessão havia terminado, e que Providence já havia se retirado para o seu quarto. Tinha, no entanto, deixado dois recados: amanhã se encontrariam no café, antes dos *check-outs* para o aeroporto. E havia deixado um presente para cada um deles, para ser aberto no quarto.

Caroline olhava para a caixa aberta à sua frente. Não conseguia deixar de se emocionar. Dentro da caixa, uma ampulheta de vidro com estrutura de madeira e um bilhete de Providence.

Querida Caroline,

Irwin Edman escreveu que "É o mito, não o mando; a fábula, não a lógica; o símbolo, não a razão, que fazem que os homens sejam tocados".

Este é um presente especial para você. Mais do que um presente, considero um talismã. Um objeto que, além da sorte que desejo que lhe traga, representa também a lembrança tangível sobre a importância do seu papel como protagonista.

A palavra ampulheta vem do latim ampulla, *que significa redoma ou frasco.*

Cuide muito bem do seu tempo e de suas escolhas a partir de agora.

Sempre com presença e coragem.

Com carinho,

Providence

20 | Desenhos

A sensação da água quente e o silêncio pareciam um bálsamo, um remédio. Velas acesas, pernas para cima, quase sem se mexer. Deitada na banheira de sua casa, Providence parecia em curto-circuito de tão cansada. Tinha dormido ali mesmo pelo menos meia hora e agora só queria ficar com os olhos fechados. Tentava controlar o impulso de fazer uma lista mental das mensagens e telefonemas para os CEOs, dos relatórios individuais daquele Carrossel que precisava terminar de revisar. Fora os pedidos de reserva de agenda para novos encontros. Mas não era hora para nada disso. Satisfeita, relembrava com carinho do café da manhã com todos eles.

Desceu no horário marcado e já encontrou todos juntos. Percebeu que esperavam por ela e que haviam reservado a cabeceira da mesa como o seu lugar. Quatro protagonistas de um lado, três do outro. Tomaram café como se tivessem mais um dia cheio de atividades pela frente, ninguém querendo começar a cerimônia de despedida.

Ed tinha sido eleito como porta-voz do grupo. Ele se levantou, foi até a cabeceira oposta à de Providence, e começou a falar. Ou melhor, tentou. Na segunda palavra engasgou, emocionado, sem conseguir passar adiante. Foi o que bastou. Todos estavam emocionados, alguns de mãos dadas, outros trocando olhares. Providence também enxugava seu rosto.

Ed respirou fundo, e foi em frente.

— Providence, se me dissessem que em menos de três dias eu estaria aqui, de pé na frente de todos e chorando, como porta-voz do grupo, eu teria gargalhado. Esse é o tamanho do seu poder de transformação, o tipo de impacto que você gerou em mim e em todos nós aqui. Tenho certeza de que saímos daqui transformados, conscientes de nossas escolhas e de nossas responsabilidades como protagonistas. O jantar de ontem foi inesquecível, não só pelo formato, pela sensibilidade, mas também por nos fazer lembrar de tudo o que vivemos aqui, juntos, nestes dois dias. Ontem aprendemos também que você não é muito boa em despedidas, em compensação seu talento é quase um dom para falar, para passar conhecimentos, para criar metáforas e até um talismã do qual nunca vamos nos esquecer.

— Então, cada um de nós fez um desenho em uma página dos nossos diários de bordo e escreveu uma palavra que, de alguma maneira, representa o que este Carrossel significou para nós. Em nome do nosso Conselho de Protagonistas, queria lhe entregar esta homenagem, como símbolo do nosso carinho e admiração por você ser quem é e pelo trabalho que faz.

Todos aplaudiram. No começo, sentados. Depois, de pé, seguindo o exemplo de Becca. Providence enxugava suas lágrimas e sorria.

Ficou de pé, para agradecer.

— Meus queridos, faço o que faço por vocês. A razão do meu trabalho está em vocês, em saber que saem daqui diferentes de como chegaram. Muito, muito obrigada, de coração....

Parou, engasgada. Respirou fundo e continuou:

— Acho que agora vocês entendem o significado das palavras "presença" e "coragem", que sempre uso em minhas assinaturas. A coragem vale inclusive para estar aqui, agora, tentando falar, toda engasgada...

Todos riram. Ela esperou um pouco, inspirou novamente, procurando se acalmar e evitar qualquer tipo de catarse final.

— Antes de terminarmos: vocês vão receber no *check-out* uma bolsa. Dentro dela, estão os seus *kits* individuais de *gadgets* eletrônicos, todos devidamente conferidos. Lembrem de que o mundo real é muito mais interessante do que o virtual. Usem com moderação e procurem perceber como foi importante ficar sem tecnologia durante esse tempo. Prestem atenção ao seu consumo de tempo com a tecnologia.

— Além disso, dentro da bolsa vocês também vão encontrar a pasta que comentei, com as informações de contato de todos, os *slides* com os textos e as citações que utilizei em nossas sessões, bem como algumas sugestões de livros e filmes. Recomendo esse material como uma excelente sugestão de leitura de bordo na volta para casa.

— Por fim, como parte da tradição de todos os Carrosséis, vamos marcar um jantar daqui a três meses. Vou enviar as coordenadas e queria pedir, encarecidamente, que todos compareçam. Será um momento especial para matarmos as saudades, nos atualizarmos e, quem sabe, criarmos uma tradição esporádica para este novo Conselho de Protagonistas.

— Agora, quero um abraço especial de cada um. Temos cinco minutos para pegar nossas malas e sair. Os carros estão esperando.

As saudações pareciam as de amigos de uma vida inteira.

❦

Depois do banho, sentada na copa de casa, Providence tomava o seu chá enquanto folheava a homenagem que recebeu em forma de desenhos. Apesar do cansaço, não conseguia parar de sorrir.

Eles haviam prendido todas as folhas com um clipe e feito uma capa. A frase "A HORA É AGORA" estava no alto da primeira página. Logo abaixo, a data e a expressão "Conselho de Protagonistas", seguido das assinaturas de todos.

O primeiro desenho era de Uly. Um fogão com uma panela. Vapor saindo e formando a palavra MAGIA.

Em seguida, o desenho de Becca. Uma caixa com uma camiseta que tinha impressa, bem na altura do peito, a palavra PRESENTE.

O desenho de Otto era de um i-Pod, cheio de símbolos de claves musicais sublinhando a palavra MÚSICA.

Tony tinha desenhado, ou tentado desenhar, um banheiro. Acima da pia, um espelho, onde se lia SINAL.

Ed optou por uma mala de viagem com uma grande etiqueta de bagagem em que se lia a palavra JORNADA.

Caroline fez um desenho muito parecido com o de uma criança, com duas montanhas, o que parecia ser um pequeno lago e alguns pássaros voando. No meio do sol, no canto da página, a palavra PRESENÇA.

Por fim, o de Gina. Todas as vezes que Providence olhava para o desenho de Gina não podia deixar de sentir uma ponta de orgulho.

Gina desenhou o que parecia ser uma reunião ou uma plateia. Na frente de todas as cabeças, uma mulher apontando com a mão uma projeção na parede. No meio da tela, não somente uma palavra, mas uma declaração.

Agradeço pela oportunidade que esta empresa me deu em participar do Carrossel.
Por conta disso, informo que estou me demitindo.
Ass. CORAGEM

21 | Reencontro

Becca deixou Louise e Marlene no hotel depois de uma tarde de cinema, pipoca e muitas risadas. Louise não cabia em si de tão feliz, pois, além de viajar junto com a mãe, tinha a autorização para pegar o que quisesse no minibar. E antes do jantar!

— Você vai acabar estragando essa menina, filha — disse Marlene.

— Mãe, são só estes dias. Semana que vem a rotina volta ao normal... — justificava Becca.

Mas Marlene sabia que isso era parte do processo da filha para retomar o tempo perdido com Louise. Fazia aproximadamente três meses que Becca tinha mudado radicalmente. Foi logo depois que voltou daquela viagem de alguns dias para um curso, quando ficou totalmente incomunicável. Marlene não entendia direito o que havia se passado, e Becca também não fazia muita questão de explicar, mas alguma coisa tinha mudado em sua forma de priorizar os assuntos da filha. Louise vinha antes de qualquer outra coisa.

— Mamãe, por que você tem que ir jantar fora hoje? Achei que esse era o nosso fim de semana de passeios... — disse Louise, enquanto brincava com a ampulheta que Becca tinha deixado na mesa de cabeceira.

— Filhota, cuidado para não quebrar isso, pois é muito precioso para mim, OK? E eu te falei que teríamos o fim de semana todo juntas, menos o jantar de hoje à noite, pois tenho um encontro com um grupo de amigos muito especial.

— Todos eles também ganharam esse relógio de areia, mamãe?

— Todos, amor.

— E será que todos eles também começaram a cuidar tanto dos filhos deles?

✧

Becca chegou ao restaurante na hora marcada, muito animada. Lá estavam Uly, Otto, Caroline, Tony e Gina. Abraços apertados, parecia que tinham se visto na véspera.

— Ed já chegou? E Providence?

— Ainda não, mas mandaram mensagem dizendo que estão a caminho, — disse Tony.

— Vamos pedir um *pinot*? – sugeriu Uly.

As entradas começaram a chegar, Becca não sabia quem tinha pedido, mas estavam deliciosas. Brindaram ao reencontro. Foi Uly quem falou:

— Tim-tim, amigos. Presença e Coragem!

Providence e Ed chegaram em seguida. Mais abraços, mais um brinde.

— E então, meus queridos, como vocês estão? Três meses passam rápido, não é mesmo? Estava com saudades! Sugiro uma rodada de atualizações de todos. Posso começar e seguimos no sentido horário, a partir da minha esquerda, que tal?

Alguém tinha combinado algum tipo de serviço especial para a mesa, pois os copos não paravam vazios e a sequência de aperitivos estava realmente de matar. Becca foi logo avisando:

— OK por mim, mas vamos combinar que não é falta de educação beber e comer enquanto os outros falam. Meu almoço foi um hambúrguer com a minha filha e estou faminta!

— Combinado, Becca. Uly, você é o encarregado de manter o serviço enquanto vamos falando — comandou Providence. — E vou começando. Bem, desde que voltamos, tenho trabalhado bastante. Depois de finalizar os relatórios do Carrossel de vocês, no começo deste mês já fizemos mais um com um novo grupo e...

— Garanto que não foi tão especial quanto o nosso! — brincou Caroline.

— Lógico que não... — disse Providence, sorrindo. — E agora estou me preparando para fazer o primeiro encontro internacional.

— Puxa, sério? Onde vai ser, Providence? — perguntou Tony.

— *Vive la France*, Tony! *Porquoi pas*? Um grande cliente nosso tem uma subsidiária em Paris e nos recomendou. Estive com o CEO de lá há duas semanas e, em aproximadamente um mês estarei na Provence, fazendo meu primeiro *carrousel, avec des protagonistes...* — respondeu Providence, tentando caprichar no sotaque.

Todos riram. Caroline, Gina e Becca aplaudiram.

— E você, Otto? Quais as novidades? — perguntou Providence.

— Bem, depois que voltei do Carrossel, confesso que tive um pouco de dificuldade em me adaptar à rotina. Cristine, minha mulher, chegou a estranhar um pouco meu comportamento nos primeiros dias. Mas acho que agora está tudo entrando nos eixos. Engordei quase quatro quilos...

— Nem dá para notar — disse Caroline.

— É o que todo mundo me diz. A verdade é que estou fazendo menos exercícios, ficando mais em casa, dormindo mais. Em vez de acordar todos os dias às 5h30, como antes, agora faço exercícios uma vez por dia, geralmente no final do dia. E, de manhã cedo, logo depois que acordo, tenho meditado...

Providence sorria.

— Impressionante como me sinto mais calmo, mais sintonizado comigo mesmo e também mais centrado no trabalho. Aliás, falando em carreira, fui promovido no mês passado a diretor de operações. Parece que o Pierre, CEO da empresa, já tinha combinado tudo isso com você, não é mesmo, Providence?

— Mais ou menos, Otto. Ele comentou, sim, que estava pensando na possibilidade da sua promoção, mas que você tinha que desenvolver mais as suas *soft skills*. O mérito é seu, pois a mudança foi uma decisão sua, depois do Carrossel. E o resultado está aí... — comentou Providence.

— Mas não contei ainda sobre a maior novidade! — continuou Otto.

— Sério? Tem mais ainda? — perguntou Gina.

— Tem, e essa é a melhor! Vou ser papai! — disse ele, com os olhos úmidos.

Todos começaram a aplaudir, agora sem exceção. Mais abraços, dessa vez mais apertados. Faziam um barulho grande no canto do salão do restaurante, como se fosse Natal ou se estivessem em casa. Caroline chegou a se preocupar um pouco se incomodavam os outros, mas viu que o restaurante era bem informal. Havia até uma criança, com cerca de três anos, brincando com seu carrinho entre as mesas do salão.

— E o Conselho de Protagonistas começa a criar uma legião de herdeiros! Um brinde a isso! — falou Uly.

— Muito bem, Uly. Já que você chamou o brinde, agora é a sua vez!

— Então... vamos lá. Depois que voltamos, fui formalmente convidado a participar do processo de seleção para a posição de diretor de RH da companhia.

— Nossa, mais uma promoção? — perguntou Becca.

— Depende de como você encara, Becca — disse Uly. — Menos de uma semana depois que voltei à rotina, e depois de duas entrevistas com o *headhunter* que estava avaliando perfis de executivos de fora da empresa, me reuni com Al, o CEO, agradeci por tudo, me desculpei e... pedi para sair — disse Uly.

— O quê? Você também se demitiu? — disse Gina, incrédula.

— Como assim, se demitiu? E como assim, também? — interrompeu Caroline.

Gina começou a rir, fazendo um *"high-five"* com Uly.

Providence orientou:

— Vamos por partes, meus caros! Uly, continue. Gina, daqui a pouco vai chegar a sua vez!

— Então... — Uly falou — resolvi ir atrás de um sonho que tinha há muito tempo. Aprendi no Carrossel sobre vocação, talento e propósito, e isso mexeu muito comigo. Fiz um acordo com Al e fiquei mais um mês, em transição, passando tudo da minha antiga posição de gerente industrial para um de meus coordenadores, que foi promovido e, em paralelo...

— Em paralelo, o quê? — questionou Caroline, sem conseguir se controlar.

— Comecei a trabalhar no *business plan* e na busca de um ponto comercial para o meu próprio negócio, um restaurante!

— Uau, e onde vai ser? — perguntou Caroline, ansiosa.

— Estamos jantando nele, minha querida! — disse Providence.

Caras de espanto, aplausos, abraços, vibração.

— Como assim? Como conseguiu isso em tão pouco tempo? — perguntou Tony.

— Parece que era para ser mesmo, Tony. Você acredita que o tal *headhunter*, que estava me entrevistando para a posição de RH, quando soube que eu estava saindo do processo e da empresa para abrir um restaurante, me colocou em contato com um amigo dele que estava vendendo o ponto e esta operação? Estava quase tudo pronto, toda a infraestrutura de cozinha e tudo mais. Só tive que mexer na decoração e, logicamente, criar o meu próprio cardápio — explicou Uly.

— Explique o nome, Uly — lembrou Providence.

— *Magia Gusto*? — perguntou Becca, lendo na capa do cardápio. — O que significa?

— A magia do paladar... — Uly se levantou e saiu correndo — Christian, cuidado com esse carrinho para não bater nas mesas. Papai já te falou isso! Desculpem pelo inconveniente, meu filho não consegue parar quieto — disse, dirigindo-se a uma mesa ao lado, em que um casal jantava.

Becca ficou olhando. Demorou alguns segundos para cair a ficha. *Magia gusto*, a magia do paladar. E aquele era o filho de Uly!

— Pessoal, esse é o Christian, meu filho sapeca. E aquela, ali no caixa, é Deborah, minha mulher. *Bienvenutti al Magia Gusto!* — disse Uly, com o rosto brilhando de emoção.

Ed aplaudiu, assobiando.

Deborah acenou de longe. Mais um brinde.

Becca emendou: — Bem, acho que é a minha vez. Não sabia que podíamos trazer as crianças, senão teria trazido Louise, minha filha, que veio comigo para o fim de semana! Uly, logo, logo, você vai ter que pensar em uma área infantil, pois não tenho dúvida sobre sucesso de sua nova empreitada! Ou, devo dizer, da nova jornada do herói?

Uly agradeceu com um gesto de cabeça e ergueu as mãos para o alto.

Providence sorria.

Becca continuou: — Acho que a minha grande mudança foi realmente priorizar o mais importante para mim, que é a minha filha. Logo que voltei para a rotina, comecei a me debater muito sobre a dificuldade que era deixá-la, por estar fora viajando quase o tempo todo. Pedi uma reunião de *feedback* com meu CEO, e abri meu coração. Falei que estava disposta até a sair da empresa, caso necessário, mas que não poderia ficar mais longe dela tanto assim. Para minha surpresa, ele me ofereceu uma nova posição, como gerente de marketing e relacionamento... Agora, fico mais de oitenta por cento do tempo no escritório, sem viajar tanto, mas continuo em contato com o mercado, com os clientes com quem tinha bom relacionamento. E o melhor: participo da vida de Louise todos os dias, levando-a para a escola e buscando no final do dia. Nunca mais perdi um evento especial dela. Semana passada, filmei toda a apresentação do coral de que participa, quando cantaram em um *shopping* para arrecadar fundos para crianças carentes... — disse Becca, engasgando no final.

Providence se levantou a foi até o lugar de Becca para lhe dar um abraço.

— Quem sabe, daqui a pouco, você não consegue um tempo para conhecer alguém, Becca? — piscou Providence. — Tony, agora é com você.

— Quantas novidades, pessoal! Também tenho algumas! A primeira é que estou vendendo a minha moto. Se alguém quiser comprar, ou souber de algum interessado...

— Por quê? Vai comprar outra? — perguntou Otto.

— Não, estou me mudando. Na verdade, estou sendo expatriado.

— Sério? Para onde? — interrompeu Caroline, ansiosa.

— Vou para a Espanha. Barcelona, na verdade. Nossa empresa tem uma filial forte na Península Ibérica e, depois que voltei do nosso Carrossel, fui convidado a participar do processo de seleção para a vaga de desenvolvimento de negócios de lá. Achei que era a oportunidade perfeita para combinar o que sei de marketing com o que posso aprender sobre negócios e a área comercial. Como falo espanhol e conheço bem a cultura da organização, acabei sendo selecionado para a vaga. Vamos daqui a quarenta dias! Por isso, estou vendendo a moto, devolvendo meu apartamento e tudo mais — explicou Tony.

— Espere aí! Você disse "vamos"? Você e mais quem?

— Vou com a minha namorada...

— Finalmente resolveu se engatar de forma mais séria, hein? — brincou Uly. — E ela ficou feliz que você finalmente assumiu o relacionamento? Pois lembro de você comentando sobre o quanto ela implicava por você andar de moto aos sábados com os amigos...

— Não vou com a Francis — disse Tony. Terminei com ela logo que voltamos do Carrossel.

— Mas vai com quem, então? — perguntou Caroline, curiosa.

— *Eu* vou com ele — disse Gina, meio corada.

— O quê? — gritou Becca. — Como assim?

Todos começaram a aplaudir alto. Uly assobiava. Providence sorria. Ed também.

Gina explicou.

— Logo depois do Carrossel, no primeiro dia do retorno, pedi para me desligar da empresa. Tanto que este foi o mote do meu desenho na homenagem para a Providence no final do nosso evento. Na primeira semana, apesar de um pouco perdida, aproveitei para tentar colocar minha vida em ordem...

— Eu liguei para ela, convidando para um café — interrompeu Tony. — Tínhamos conversado pouco durante o Carrossel.

— Mas flertado um bocado... — provocou Providence.

Todos gargalharam. Era como um almoço de família no domingo.

Gina emendou: — Ele, volta e meia, me olhava, encarava, sim. Mas eu nem conseguia prestar atenção direito. Tantas coisas mudando na minha cabeça, tanta coisa para resolver...

— O convite para o café foi o primeiro de muitos, que depois se transformaram em jantares... — disse Tony.

— Começamos a nos ver direto. Depois de um tempo, comecei a procurar um novo trabalho. Foi quando ele veio com a notícia de que tinha sido selecionado para a vaga na Espanha. Me contou sobre isso a caminho de um restaurante, acreditam? Fiquei passada, de tão triste. Mas só por alguns minutos. Quando chegamos no restaurante, a mesa reservada tinha um buquê de rosas sobre o prato, no meu lugar. Junto com as flores, um bilhete.

— Ai que lindo, Tony! — falou Becca. — E o que estava escrito no bilhete?

— *¿Quieres venir vivir conmigo en Barcelona?* — disse Gina, dando um selinho em Tony.

Tony segurou as mãos de Gina e traduziu, pois Becca estava olhando com cara de quem não entendeu nada.

— Quer viver comigo em Barcelona?

Mais aplausos, mais vinho, mais brindes.

— Providence é nossa madrinha! — disse Tony.

— Que máximo, parabéns para os dois! — disse Caroline. — Acho que agora é a minha vez. Minhas novidades não são tão grandes quando comparadas com as de vocês! Bem, estou casada, aliás, muito bem casada com o meu Peter. Diria até que com tudo o que passei nos últimos tempos, temos conseguido namorar bastante, tentando construir uma nova relação. Como a Becca, tenho tentado estar mais presente para ele e para as crianças. Comecei recentemente a trabalhar como gerente de RH em uma multinacional de alimentos que deseja inovar em suas práticas de gestão de pessoas. Minha experiência com tecnologia caiu como uma luva...

— Não só a experiência, mas o ritmo, não é mesmo, Caroline? — provocou Providence, com uma piscadela.

— Bom, isso também. Engraçado é que a minha ansiedade é percebida como um ponto forte no trabalho, na carreira, mas é algo que tenho tentado trabalhar, e muito, em minha vida pessoal.

— Mas você saiu da empresa antiga por quê? — questionou Gina.

— Me sentia quase em uma competição com meu antigo CEO. Quanto mais ele me demandava, mais eu queria dar conta e entregar. Estava em um círculo vicioso, e perigoso, pois minha vida pessoal e minha saúde estavam sendo muito afetadas. Quando fui convidada para o processo de seleção na nova empresa achei que poderia ser ótimo, pois é uma empresa mais madura, mais organizada, em que trabalhar além do horário do expediente é quase motivo para punição, o que é ótimo para alguém com o meu perfil.

— Muito bom, Caroline! — disse Becca. — Mas estou estranhando o silêncio do Ed. Não é o mesmo Ed do início do Carrossel, mudo, distante, desconfiado...

— Pedante, você quer dizer, não é? — perguntou Ed, sorrindo.

Todos gargalharam.

— Mas, sério, Ed, você está quieto demais. Dá para perceber que está aqui com a gente, acompanhando tudo, mas tão discreto, tão na sua. Cadê a voz do nosso porta-voz? — provocou Becca.

— Bom, também tenho novidades — disse olhando para Providence, que acenou com a cabeça. — Resolvi sair da empresa de carnes e embutidos para uma nova oportunidade de carreira. Vou continuar a viajar bastante, mas de forma mais esporádica. Estou muito, muito animado com o novo ciclo que estou começando. Me sinto como se tivesse respondido a um chamado, que recebi durante o nosso Carrossel. Inclusive tenho viagem marcada para um projeto já no mês que vem. Vou para a França. Só que exposições e museus não estão na minha lista de prioridades. Vou para estudar e trabalhar muito.

— Que bacana! Quem sabe você não se encontra com a Providence por lá? — comentou Otto.

— Certamente vamos nos encontrar por lá — disse Providence. — Aliás, chegamos atrasados porque a reunião com o cliente de hoje demorou mais do que o esperado e... — disse Providence em um tom corriqueiro.

— Espere aí! Reunião com o cliente? Vocês estavam na mesma reunião? — perguntou Caroline.

— Isso mesmo. Estou trabalhando com a Providence agora. Ajudo no planejamento dos roteiros dos Carrosséis, nas reuniões com clientes, nos agendamentos. E como sou fluente em francês, o nosso primeiro Carrossel internacional não deve ser um grande desafio... — comentou Ed.

Todos se levantaram. Mais aplausos. Mais risos, mais conexão.

O Conselho de Protagonistas estava vivo e operante. Cada um em sua jornada, em seu caminho.

Theodore Roosevelt teria muito orgulho se tivesse conhecido aquele grupo de pessoas. Providence certamente tinha.

A ousadia grandiosa tinha encontrado terrenos férteis.

Para criar novos horizontes.

E impactar inúmeras arenas.

22 | Acróstico

Jack Michaels tinha vendido recentemente a sua empresa para um fundo de *private equity*. Depois de rodar o mundo por sessenta dias com sua mulher, começou a dar aulas na pós-graduação em uma importante universidade da região e criou sua própria ONG, voltada para o desenvolvimento profissional de jovens adolescentes carentes.

Tinha feito a reserva havia mais de uma semana. O restaurante era uma das sensações da cidade, sempre cheio e badalado. Havia alguma coisa muito especial naquele ambiente, uma espécie de alma, que envolvia tudo e todos. Estava jantando com Betty, sua esposa, comemorando o prêmio que havia recebido como empreendedor social do ano. Tinha tanto a fazer, tanto a aprender. O hábito da leitura tinha voltado com toda a força. Gostava, especialmente, de biografias e livros que trouxessem mensagens de inspiração e transformação.

Foi isso que chamou a sua atenção.

Na segunda página do cardápio, um texto diferente, cheio de significado, bem como alguns nomes. Chamou o garçom e perguntou de onde tinha saído aquele texto e por que estava ali no inicio do cardápio.

— Todos os dias os clientes nos perguntam sobre isso, senhor. Espere um momento que vou chamar o nosso *chef*.

Uly chegou à mesa, sorrindo.

— Boa noite, em que posso ajudá-los? A entrada está boa? E o serviço?

— Tudo maravilhoso — disse Jack. — Gostaria de saber sobre a origem destas palavras em seu cardápio. Logo que pedimos o vinho e a entrada, sugeridos pelo seu *maître*, comecei a ler o menu para escolher meu prato principal e me deparei com este texto.

— Estas palavras representam o coração do *Magia Gusto*, senhor Michaels — disse Uly.

Jack ficou surpreso que Uly soubesse seu nome.

— Foram escritas por uma pessoa muito especial, que teve papel fundamental na minha decisão de abrir este restaurante. Ela foi como um trampolim, um amplificador da minha coragem, para perseguir meu sonho e criar este negócio. Como uma homenagem, e até um símbolo de sorte, resolvi transcrever, na íntegra, o texto dela — explicou Uly.

— Mas e estes nomes? Quem são estas pessoas? — insistiu Jack.

— São testemunhas de que é possível, sim, construir o caminho que desejamos.

Passado mais de um ano, desde que leu o texto pela primeira vez, Uly se emociona. Não a emoção do choro, mas da conexão. Na saída daquele primeiro jantar do Conselho de Protagonistas, Providence deu um envelope com o texto para cada um, pedindo que o lessem em casa.

Conseguiram se encontrar mais uma vez. Dessa vez, Providence não pôde estar presente. Estava envolvida com um grande projeto para um grupo de CEOs de diferentes empresas ligadas a uma associação de classe internacional. Edward atualizou todos sobre as novidades dos Carrosséis, e sobre como o trabalho deles estava ganhando novas frentes, novas fronteiras.

Conseguiram se encontrar coincidindo com a vinda de Tony e Gina da Espanha, que vieram para passar os feriados de final de ano. Depois das atualizações de todos, falaram sobre o Carrossel, sobre os aprendizados, sobre as metáforas. Todos mantinham suas ampulhetas em cima da mesa de trabalho. O talismã funcionava como lembrete e como amuleto.

Mas ninguém podia imaginar que Providence poderia ir tão longe.

O texto explicava um pouco mais sobre sua magia e sensibilidade.

※

Jack agradeceu a Uly pela explicação, fez o pedido dos pratos principais e perguntou se poderia ficar mais um pouco com o cardápio para ler o texto com calma.

Betty pediu que ele lesse em voz alta, pois ela havia esquecido seus óculos em casa.

Jack testou a voz e começou:

POR QUE MAGIA GUSTO

Você deve achar o melhor em si mesmo e trazê-lo à tona.
Isto é o que lhe é dado — uma vida para viver.
Marx nos ensina a culpar a sociedade por nossas fragilidades;
Freud nos ensina a culpar nossos pais por nossas fragilidades;
A astrologia nos ensina a culpar o Universo.
O único lugar onde podemos procurar a culpa é no interior: você não teve a coragem de revelar a sua lua cheia e viver a vida que era o seu potencial.

— Joseph Campbell.

Protagonismo – originada dos termos gregos *prôtos* (primeiro) e *agōnistés* (lutador). Protagonista é aquele que atua diretamente no seu processo de desenvolvimento pessoal, de transformação da sua própria realidade, assumindo um papel central, ou seja, de ator principal[5].

Presença – do latim *praesum*, significa estar à frente de, presidir. Presença é a capacidade de tornar-se presente, visível, perceptível[6].

Coragem – do francês *courage*, disposição nobre do coração, qualidade espiritual de bravura e tenacidade.

Conselho de Protagonistas – grupo de indivíduos especiais, movidos por "presença" e "coragem", responsáveis por grandes feitos e façanhas, sempre conectados por ideais similares, confiança e apoio.

Acróstico – poesia em que as primeiras letras (às vezes, as do meio ou do fim) de cada verso formam, em sentido vertical, um ou mais nomes ou um conceito, uma máxima etc.

---

5 Etimologia de protagonista no Houaiss:
gr. *prōtagōnistés*,oû no sentido de 'que combate na primeira fila; o que desempenha o papel principal em uma peça teatral; falar em público; ter o primeiro lugar', de *prôtos* no sentido de 'primeiro' + *agōnistés* no sentido de 'lutador, atleta', do v. *agōnídzomai* no sentido de 'concorrer em jogos públicos, lutar, disputar o prêmio; combater'; na voz passiva, ser objeto de uma luta, de um combate, ser debatido (falando-se de uma lei), der. de *agón*,ônos no sentido de 'assembleia, reunião, assembleia para os jogos públicos; jogo, concurso, luta, combate; ação militar, batalha; luta judiciária, processo' *cog.* de *agōnía* no sentido de 'luta nos jogos públicos; luta em geral'; f.hist. 1615 protogonista, 1858 *protagonista*.

6 Houaiss:
lat. *praesentĭa,ae* no sentido de 'presença; aparições dos deuses' de *praesens,ēntis,* part.pres. de *praesum,es,*fui,esse no sentido de 'estar à frente de, presidir'; ver s(er)-; f.hist. sXIII presencia, 1365 *presença*, sXIV *preseça*, sXV *presencia*, sXV *prezensa* no sentido de 'comparecimento em algum lugar', sXIV presença no sentido de 'aspecto, vista'.

Contato com o autor:
acaldeira@editoraevora.com.br
andre.caldeira@propositotransearch.com.br

Este livro foi impresso pela Maistype em papel *Offset* 75g.